내 마음 먼저
챙기고 싶을 때
읽는 책

내 마음 먼저
챙기고 싶을 때
읽는 책

이시노 미도리 / 김은선 옮김

에밀아카이브

당신의 마음도 가벼워질 수 있습니다

"마지막 지푸라기가 낙타의 등을 부러뜨린다(The last straw breaks the camel's back)"라는 서양 속담이 있습니다. 곡식, 채소, 나무상자, 유리병 같은 무거운 짐을 등에 잔뜩 실은 낙타의 모습을 상상해보세요. 간신히 걸음을 떼는 모습이 당장이라도 쓰러질 듯 조마조마합니다. 쓰러지느냐 마느냐 위기일발의 순간에 낙타의 등에 지푸라기 한 가닥을 더하면 어떤 일이 벌어질까요?

그 즉시 낙타는 땅바닥에 고꾸라져 두 번 다시 일어나지 못하게 됩니다. 아무리 가벼운 지푸라기라고 해도 무리하게 계속 싣다 보면 결국 견딜 수 없는 마지막 한계에 다다르게 되는 것입니다. 마찬가지로 극한의 스트레스에 놓인 사람 역시 한 가닥 지푸라기 같은 사소한 문제만으로도 한계를 넘어서고 맙니다.

자, 그럼 이제 낙타를 구하려면 어떻게 해야 할까요? 방법은 간단합니다. 정반대의 일을 하면 됩니다. 낙타의 등에서 지푸라기를 한 가닥씩 덜어내는 것입니다. 그러면 낙타는 무거운 짐에서 해방돼 차츰 기력을 되찾을 수 있습니다. 나는 이 방법을 '마이크로 비하인드(micro behind)'라고 부릅니다.

여러분의 마음을 짓누르는 짐도 이와 같은 방법으로 덜어낼 수 있습니다. 물론 한 번에 모든 짐을 제거하고 싶은 마음이야 굴뚝같겠지만, 안타깝게도 그것은 불가능한 일입니다. 아무리 멘탈이 튼튼한 사람이라도 쉽지 않은 일이겠지요. 하지만 하루에 하나씩 덜어내는 것은 어떨까요? 누구나 쉽게 할 수 있지 않을까요? 매일매일 부지런히 덜어내다 보면 어느새 무거웠던 짐들은 흔적도 없이 사라지고, 여러분은 자유로운 몸이 되어 있을 것입니다.

세상에서 가장 작은 상담사이기에 가능했던 일

소개가 늦었습니다. 나는 임상심리사 이시노 미도리(石野 みどり)라고 합니다. 현재 대학교에서 학생상담을 하고 있습니다. 그전에는 예술전문학교에서 상담사로 일했는데, 그곳에서는 매년 자살하는 학생이 속출해 학교관계자들이 가슴앓이를 하고 있었습니다. 왜 그렇게 많은 학생이 스스로 목숨을 끊었을까요?

이들은 전문학교에 입학하는 친구들과 자신을 끝없이 비교하며, 자신의 재능이 절대적으로 부족하다는 생각에 절망감을 느꼈기 때문입니다. 더구나 예술전문학교의 특성상 교사들로부터 냉정하고 엄격한 지도를 받아오면서 점차 자신감을 상실하고 미래에 대한 희망마저 잃었던 것입니다. 그런데 한 해에도 여러 명의 학생이 삶을 포기하던 이 학교에 내가 근무하면서 변화가 일어났습니다. 10년간 단 한 명의 자살자도 나오지 않은 것입니다. 매해 자살자 '0명'이라는 기록을 세운 것이지요.

내 자랑을 하고자 이 이야기를 꺼낸 것이 아닙니다. 그 학교에서 아이들을 상담했던 방법을 여러분과 공유하고자 합니다. 그 방법이 바로 '마이크로 비하인드'입니다. 이 방법 덕분에 자살하는 학생의 수를 제로로 만들 수 있었습니다. 그렇다면 나는 어떻게 '마이크로 비하인드'라는 상담방법을 발견할 수 있었을까요? 거기에는 그만한 이유가 있습니다.

나는 '세상에서 가장 작은 상담사'입니다. 예전에 사용하던 명함에는 "나를 표현하는 세 개의 숫자. 143, 20, 0.3"이라는 문구가 적혀 있었습니다. 이 세 개의 숫자는 키 143센티미터, 발 크기 20센티미터, 그리고 0.3은 핑키링(새끼손가락에 끼우는 반지) 사이즈를 의미합니다. 일반 성인 여성에 비하면 무척 왜소한 몸집이지요. 스스로 그런 내 몸을 콤플렉스로 여기며, "이렇게 작은 내가 거대한 바위를 짊어진 학생들을 구할 수 있을까?" 하고 심각하게 고민한 적도 있었습니다.

나는 탄탄대로를 걸어온 사람이 아닙니다. 오히려 그 반대입니다. 왜소한 몸집으로 인해 학창시절 따돌림을 당했습니다. 이직 경력은 셀 수 없이 많습니다. 결혼과 이혼 모두 했고, 아이는 없습니다. 사업에 실패해 전재산을 잃고 빚에 허덕이며 술독에 빠져 지냈습니다. 결국 스트레스로 걷지 못하는 지경에 이르렀고, 여러 해를 지독한 우울증 상태로 보냈지요.

그러다 문득, 내가 필요 이상으로 애쓰고 있다는 사실을 깨달았습니다. 체면을 차리고, 다른 사람의 시선을 의식하고, 주위의 평판에 신경 쓰며 살아왔던 것입니다. 그러나 자신의 감정에 충실하게 살아도 된다는 사실을 깨닫고는 삶의 방식이 180도 달라졌습니다.

할 수 없는 일은 "할 수 없다"고 말한다.

하고 싶지 않은 일은 "하고 싶지 않다"고 말한다.

그제야 비로소 800명에 달하는 학생들과 마주하며, "무리하지 않아도 된다", "열심히 하지 않아도 된다", "비교하지 않아도 된다"라고 말할 수 있게 됐습니다. 실제로 "선생님 사전에는 '노력', '근성', '열심'이라는 단어는 없단다"라고 말하면, 아이들 얼굴에는 엷은 미소가 떠오릅니다. 이것은 고작 하나에 불과하지만 아이들이 작은 짐 하나를 내려놓기 시작하는 순간입니다. 한계치까지 쌓여 있던 마음의 짐이 조금 사라졌으니 그다음은 더욱 수월합니다. 하루에 하나씩 차근차근 작은 짐들을 덜어내면 됩니다.

내가 정말 좋아하는 오사카 방언이 있습니다. "なんくるないさ～(난쿠루나이사, 어떻게든 될 거야～)"라는, 기운이 솟는 주문입니다. 힘든 일이 생겼을 때, 기분이 울적할 때, 만사가 싫어질 때, 마음속으로 이 말을 세 번만 외쳐보세요. 지금 겪고 있는 문제가 아주 작고 가볍게 느껴질 것입니다.

단 1분이면 마음이 가벼워진다

월요일 아침, 눈을 뜨자마자 '아, 회사 가기 싫다'라는 생각을 했다. 출근 후에는 꼬리를 물고 밀려드는 업무에 속이 따끔따끔 쓰려왔다.

어느덧 점심시간. 새로 생긴 식당에서 스페셜 런치를 먹어볼 생각에 가슴이 두근댔다. 그런데 고대하던 메뉴가 매진됐다는 말에 기운이 쭉 빠졌다.

오후 업무가 시작됐다. 식곤증이 밀려드는 통에 꾸벅꾸벅 졸다가 그만 실수를 하고 말았다. 하지만 손님이 선물로 준 슈크림 덕분에 기분이 날아갈 것 같았다!

즐거운 마음도 잠시, 야근 지시에 금세 울적해졌다. 계속되는 야근에 결국 데이트도 물 건너가고…….

오늘 하루 여러분의 마음을 들여다봤습니다. 일이 뜻대로 풀리지 않거나 기분이 울적할 때면 사소한 일에도 마음에 비가 내리고 안개가 드리워지곤 했지만, 대체로 평화롭고 안정적인 나날을 보냈군요.

이따금 고민이 마음에 가득 찰 때면 구름 저편으로 태양이 얼굴을 감추곤 하지만, 그래도 걱정하지 마세요. 그치지 않는 비는 없으니까요. 언젠가는 구름 사이로 푸른 하늘이 드러날 것입니다. 마음속에 푸른 하늘을 가지고 사는 사람은 스스로 태양이 된 듯 웃는 얼굴에서 매일 빛이 나고, 주변 사람에게 밝은 기운을 베풀 수 있습니다.

마음을 가볍게 하는 방법은 무척 간단합니다. 창밖을 한 번 바라보세요. 그리고 푸른 하늘이 펼쳐져 있다면 '60'까지 숫자를 세어보세요. 만약 비가 내리고 있다면 그때는 눈을 감고 푸른 하늘을 떠올려보세요. 단 1분, 푸른 하늘을 상상하는 것만으로도 여러분의 마음은 한층 가벼워질 것입니

내 마음 먼저 챙기고 싶을 때 읽는 책

다. 이외에도 여러분께 스트레스, 관계, 돈, 연애, 꿈 등 83가지 현실적인 고민거리를 단숨에 가볍게 만드는 '맞춤형 고민 솔루션'을 전하고자 합니다.

이 책을 이렇게 활용하면 더욱 효과적입니다.

❶ 고민이 생겼다.

❷ 이 책을 꺼내든다.

❸ 자신의 고민에 맞는 페이지를 펼친다.

❹ 유심히 읽으며 자신의 마음 상태를 살펴본다.

❺ 중요한 부분은 마음에 새기거나 직접 실천해본다.

고민은 마냥 오래 한다고 해서 해결되지는 않습니다. 오히려 여러분의 마음과 정신을 해칠지도 모릅니다. 유난히 걱정과 고민이 많다면 단순하게 생각하고 간단한 방법으로 풀어내는 연습이 필요합니다. 일상의 작은 고민이 더 커지기 전에 지금 해결하세요. 여러분의 마음이 한결 가벼워질 것입니다.

차례

들어가며 당신의 마음도 가벼워질 수 있습니다 · 004

CHAPTER
01 왜 나만 불행한 걸까요?

01 아무것도 하기 싫어요 · 018

02 방이 너무 지저분해요 · 022

03 매일 스트레스 없이 살고 싶어요 · 025

04 밤에 잠 좀 자고 싶어요 · 028

05 화장하는 것조차 귀찮아요 · 031

06 고민을 들어줄 사람이 필요해요 · 034

07 스마트폰을 자주 잃어버려요 · 037

08 아끼는 물건이 망가졌어요 · 041

09 충동구매가 너무 심해요 · 044

10 TV 앞을 떠날 수가 없어요 · 047

11 원망하는 마음을 내려놓고 싶어요 · 050

12 갑자기 죽고 싶은 마음이 들어요 · 053

CHAPTER 02 더는 남에게 휘둘리고 싶지 않아요

13 다른 사람이 너무 부러워요 · 058

14 친구가 라이벌처럼 느껴져요 · 061

15 상대가 짜증나게 해요 · 064

16 약삭빠른 사람을 용서할 수 없어요 · 068

17 다른 사람의 평가가 신경 쓰여요 · 071

18 누군가를 험담해야 될 때는 어떻게 하나요? · 074

19 따돌림을 당하고 있어요 · 078

20 남에게 폐만 끼치는 것 같아요 · 081

21 싸움을 걸어오면 어떻게 피하나요? · 084

22 "못생겼다"라는 말을 들었어요! · 087

23 엄마가 지나치게 간섭해요 · 091

24 툭하면 언니랑 비교당해요 · 094

CHAPTER 03 '만성 직장 알레르기'에 시달리고 있어요

25 입사 시험에 떨어졌어요 · 098

26 회사에 출근하기 싫어요 · 101

27 일이 즐겁지 않아요 · 104

28 이직하고 싶어요 · 107

29 전화를 받기가 두려워요 · 110

30 일을 하다 큰 실수를 저질렀어요 · 114

31 주변 사람들에게 인정받고 싶어요 · 117

㉜ 상사가 내 능력을 무시해요 · 120

㉝ 사무실 분위기가 너무 칙칙해요 · 123

㉞ 남의 잘못을 뒤집어쓰게 생겼어요! · 127

㉟ 할 일을 자꾸 뒤로 미루게 돼요 · 130

㊱ "일 처리가 느리다"는 말을 자주 들어요 · 133

㊲ 항상 시간에 쫓겨요 · 136

㊳ 고객으로부터 거센 항의가 들어왔어요 · 139

㊴ 직장에서 성희롱을 당했어요 · 142

㊵ 부하직원과 함께 일하기가 너무 힘들어요 · 145

㊶ 회사에서 해고당했어요 · 148

CHAPTER

04 있으면 좋고, 많으면 더 좋은 게 돈 아닌가요?

㊷ 월급이 적은 탓에 생활이 힘들어요 · 152

㊸ 좀처럼 돈을 모을 수가 없어요 · 155

㊹ 저는 왜 부자가 되지 못할까요? · 158

㊺ 돈을 빌려달라는 부탁을 받았어요 · 161

㊻ 지인과 금전 문제로 갈등이 생겼어요 · 165

㊼ 빚이 있는데 어떻게 하면 좋을까요? · 168

㊽ 돈을 도난당했어요! · 171

㊾ 돈이 없어도 행복할 수 있을까요? · 174

CHAPTER 05 건강 때문에 걱정이 이만저만이 아니에요

50 살을 빼고 싶어요! · 178

51 식욕이 없을 때는 어떻게 하나요? · 182

52 최근 피부 트러블이 심해졌어요 · 184

53 사람들 앞에서 이야기하는 게 무서워요 · 181

54 툭하면 넘어져요 · 190

55 게임 중독에서 벗어나고 싶어요 · 193

56 술 때문에 민폐를 끼치게 돼요 · 191

57 담배를 끊기가 어려워요 · 200

58 병세가 나빠져 불안할 때는 어떻게 하나요? · 203

59 노후가 걱정돼요 · 206

CHAPTER 06 남들은 잘만 하는 연애가 너무 어려워요

60 '모태솔로'에서 벗어나고 싶어요! · 210

61 이상형을 발견하는 비결은 무엇인가요? · 213

62 좋아하는 사람에게 고백하려고 해요 · 216

63 상대의 마음을 사로잡고 싶어요 · 220

64 헤어진 남자친구를 못 잊겠어요 · 223

65 애인이 문자를 자주 씹어요 · 226

66 애인과 틈만 나면 다퉈요 · 229

67 애인이 바람을 피웠어요 · 232

68 결혼하고 싶지 않아요 · 235

⑥⑨ 결혼상대로 괜찮은지 판단이 서지 않아요 · 239

⑦⓪ 약혼자가 결혼식을 원하지 않아요 · 242

⑦① 아이를 갖고 싶어요 · 246

CHAPTER

07 앞으로는 꽃길만 걷고 싶어요

⑦② 꿈은 정말 이뤄질까요? · 250

⑦③ 부정적으로 생각하는 습관을 고치고 싶어요 · 253

⑦④ 행복하지가 않아요 · 256

⑦⑤ 하고 싶은 일이 없어요 · 259

⑦⑥ 나이 먹는 게 두려워요 · 262

⑦⑦ 지금과 다른 모습으로 살고 싶어요 · 265

⑦⑧ 자기계발 강연을 전전하는 나, 이대로 괜찮을까요? · 269

⑦⑨ 어떤 직업을 가져야 할지 모르겠어요 · 212

⑧⓪ 나약한 성격을 바꾸고 싶어요 · 215

⑧① 더욱 성장하고 싶어요! · 218

⑧② 나만의 '강점'을 발견하려면 어떻게 하나요? · 282

⑧③ 이렇게 불행한데, 신이 정말 있긴 한가요? · 285

CHAPTER 01

왜 나만
불행한 걸까요?

하나씩 하나씩 '마음의 짐' 덜어내기

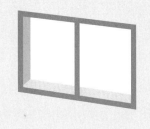

01

아무것도 하기 싫어요

아무것도 하지 마세요

아무 데도 가고 싶지 않고, 아무도 만나고 싶지 않은, 그런
날이 있지 않은가? 그럴 때는 작정하고 '아무것도 하지 않
는 날'로 정해보자.

온종일 아무 일도 하지 않으면 뇌가 초기화된다. 자연스
레 바쁠 때는 보이지 않던 중요한 것들이 눈에 들어오기 시
작할 것이다.

나는 울적한 날이면 일단 하루 동안 한 일을 되짚어본다.

내 마음 먼저 챙기고 싶을 때 읽는 책

❶ 아침에 눈을 떴다.

❷ 몸을 일으켰다.

❸ 화장실에 갔다.

❹ 배가 고파 냉장고를 열었다.

❺ 페트병에 담긴 차를 마셨다.

비가 오는 날에도, 바람이 부는 날에도, 기분이 좋지 않은 날에도, 몸이 찌뿌드드한 날에도 우리는 무언가를 하며 살아간다. 그런데 정말 '진심을 다해 아무것도 하고 싶지 않다면' 무언가 하고 싶어질 때까지 기다리면 된다. 가만히 있다 보면 저절로 하고 싶은 일이 떠오를 것이다.

나도 그런 날이 있었다. 문득 산책이 하고 싶어져 달랑 지갑만 챙겨 집을 나섰다. 공원 벤치에 멍하니 앉아 있다가 역 앞에서 윈도쇼핑(window-shopping)을 했다. 그러다 갑자기 전철을 타고 싶어졌고, '여기서부터 10번째 역에서 내리자'라는 생각으로 도쿄 중심부를 순환하는 야마노테선(山手線)에 몸을 실었다.

도착한 곳은 아키하바라(秋葉原) 역! 그곳을 오가는 수많

은 '오타쿠(オタク)'를 보고 있자니, 왠지 살아갈 용기가 솟아 나는 듯했다. 그때 처음으로 '아무것도 하지 않는 날'은 '무엇을 해도 좋은 날'이라는 사실을 깨달았다. 그렇게 생각하는 순간, 뇌가 초기화되며 기분이 상쾌해졌다.

당신도 울적한 날에는 '하고 싶은 사소한 일' 딱 하나만 골라 직접 해보길 추천한다. 아마 기분 해소에 큰 도움이 될 것이다. 가장 많은 에너지가 필요한 것은 맨 처음 한 동작뿐이다. 조금씩 몸을 움직여보자.

그러나 무리는 금물! 무엇보다 '이런 날이 있으면 저런 날도 있는 거야!'라고 생각하면서, 자신을 있는 그대로 받아들이는 것이 먼저다.

내 마음 먼저 챙기고 싶을 때 읽는 책

아무 일도 하지않아도 괜찮아요

02

방이 너무 지저분해요

손닿는 것부터 치워보세요

먼저 책상 위를 깨끗이 치워보자. 주로 사용하는 것부터 정리정돈하면 나머지는 자연히 깨끗해질 것이다. 책상 위에 놓인 펜과 손톱깎이는 서랍에, 지우개 찌꺼기와 간식 부스러기는 쓰레기통에 넣자.

이로써 당신에게 최소한의 공간이 확보됐다. 단 몇 분만 투자했을 뿐인데 기분이 산뜻해지지 않았는가? 이 정도 정리는 누구나 거뜬히 할 수 있을 것이다.

내 마음 먼저 챙기고 싶을 때 읽는 책

책상을 치우는 것만으로도 충분하지만, 혹시 조금 더 욕심이 난다면 책상 주위 1미터 반경을 치워보도록 하자. 그리고 화장실, 나아가 현관, 이런 식으로 물건이 주인이던 공간을 서서히 '자신의 공간'으로 복원해보는 것이다.

정리정돈이 여전히 어려운가? 그렇다면 정리정돈의 '정리'는 '버리는 것', '정돈'은 '세워서 정렬하는 것'이라고 정의해두면 정리정돈이 한결 쉬워질 것이다.

자세히 말하자면, '정리'는 주변을 치우고 필요 없는 물건을 버리는 것을 말한다. '정돈'은 서류를 클리어파일에 넣어 책장이나 서류꽂이에 세로로 가지런히 꽂아 나중에 꺼내기 쉽도록 하는 것이다.

여기에 또 한 가지 팁을 전하자면, 나는 보통 서류를 분류할 때 '이제부터' 상자와 '끝났다' 상자에 차곡차곡 넣어둔다. '이제부터' 상자에는 앞으로 할 일을, '끝났다' 상자에는 완료한 일을 담는 것이다. 또한 급한 일일수록 '이제부터' 상자의 맨 앞쪽에 넣어두면 나중에 허둥대거나 실수하는 일이 줄어든다.

간혹 "지저분하고 복잡해보여도 나만의 질서가 있으니 내 버려둬!"라며 난잡한 상태에서도 자신은 멀티태스킹이 가능하다고 주장하는 사람이 있을 수 있다. 그러나 이것은 궤변이다. 사라진 물건을 찾는 데에 시간을 허비하고 있을 것이 빤하다.

괜한 자존심 세우다가 물건을 찾는 데 시간을 다 보내지 말고 우선 손닿는 것부터 치워 나가보길 바란다. 말끔하게 정리된 공간에서 일하는 것이 훨씬 효율적이라는 사실을 깨닫게 될 것이다.

03

매일 스트레스 없이
살고 싶어요

 적당한 스트레스는 필요합니다

스트레스란 무조건 없는 것이 좋을까? 이 질문의 답은 이미 정해져 있다. "반드시 그렇지만도 않다"는 것이다. 실제로 실험을 통해 이를 입증한 바 있다.

1952년, 헤론(Heron)이라는 심리학자는 '감각 차단 실험'을 시행했다. 피험자들에게 고글을 씌워 시각을 차단한 뒤 손과 발에 부드러운 덮개를 씌워 촉각을 둔하게 하고, 밤에는 체온과 비슷한 온도의 물침대에서 자게 했다. 외부 자극을 최대한 차단한 채 일정 기간 생활하게 한 것이다. 어머니의 뱃속처럼 완전한 보호 상태에 놓인 피험자들은 과연 스트레스로부터 해방돼 행복해질 수 있었을까?

실험의 결과는 정반대였다. 시간이 흐르자 피험자들은 혼잣말을 하거나 갑자기 노래를 부르기도 했으며, 급기야 집중력을 잃고 환청과 환각을 겪는 지경에 이르렀다. 이 실험을 통해 헤론은 "사람이 살아가는 데에 적당한 스트레스는 필수불가결하다"라고 결론지었다.

우리는 일상 속에서 완전무결하게 쾌적한 환경에 놓일 가능성이 없을 뿐더러, 설령 있다 하더라도 스트레스에서 해방됐다는 사실 자체에 스트레스를 받을 수도 있다.

내 경우만 보더라도 그렇다. 휴가를 어렵사리 얻어 오키나와를 여행하는 동안 '아, 행복하다'라고 느끼면서도, 한편으로는 '휴가가 이틀밖에 남지 않았네. 휴가가 끝나면 이것도 해야 하고 저것도 해야 하고……' 하는 생각에 마음이 조금 무거워졌다. 그러나 '만약 그런 스트레스가 없었다면 그 순간을 과연 소중히 여겼을까?'라고 생각해보니, 단언컨대 그렇지 않았을 것이다. 중요한 것은 '스트레스는 삶의 동반자'라는 사실을 인정하는 것이다.

　무언가 불안하거나 못마땅한 일이 생겼을 때 스트레스의 무게를 더는 방법이 하나 있다. 그것은 '입버릇을 바꾸는 것'이다. 속는 셈 치고 이 말을 매일 되풀이해보자.

　"맛있다!"
　"기쁘다!"
　"즐겁다!"
　"재밌다!"
　"정말 좋다!"

　나는 이것을 "5대 좋은 입버릇"이라고 부른다. "좋다!"라고 외치는 당신의 얼굴을 거울에 비춰보면 정말 보기 '좋은' 미소를 띠고 있는 것처럼, 입버릇만 바꿔도 일이 술술 풀리고 스트레스가 훌훌 날아갈 것이다.

04

밤에 잠 좀 자고 싶어요

아침 햇살을 듬뿍 받아보세요

현대를 살아가는 우리는 인터넷, TV, 그리고 24시간 영업 중인 번화가의 불빛에 이끌려 밤을 지새우고, 아침이면 이불 속에서 하염없이 뭉그적거리다 아침밥도 거른 채 허둥지둥 뛰쳐나가는 일상을 되풀이하고 있다. 만성적인 수면 부족에 시달릴 수밖에 없는 상황인 것이다. 자신은 수면을 충분히 취하고 있다고 생각하는 이들도 어쩌면 수면의 질이 매우 낮아진 상태일지 모른다. 그 이유는 무엇일까?

내 마음 먼저 챙기고 싶을 때 읽는 책

그것은 '어둠'이 사라졌기 때문이다. 오랜 세월 동안 전기 없이 살아온 우리 선조들은 '해가 뜨면 활동을 시작해, 해가 지면 잠자리에 드는' 생활리듬을 당연한 것으로 여겼다. 그러나 전기가 발명된 지 불과 100년 사이에 그 리듬이 흐트러지고 만 것이다.

다시 말해 밤잠을 이루지 못하는 날이 잦아졌다면, 이는 생체리듬이 무너졌을 가능성이 매우 높다. '밤에 잠 좀 자고 싶다'는 마음이 굴뚝같지만 마음처럼 쉽게 잠들지 못한다면 리듬을 회복하는 일이 가장 먼저다. 늦어도 오전 8시에는 일어나 아침 햇살을 듬뿍 받아보길 바란다.

아침에 햇볕을 쬐면 뇌에서 '세로토닌(serotonin)'이라는 신경전달물질이 분비된다. "행복 호르몬"이라고도 불리는 세로토닌은 신경을 안정시키고 행복감을 느끼게 한다. 그러나 세로토닌이 부족하면 불면증에 걸릴 수 있다. 우리가 잠을 자는 동안에는 수면의 질을 높이는 '멜라토닌(melatonin)'이라는 호르몬이 분비되는데, 세로토닌이 부족하면 뇌에서 멜라토닌을 생성하지 못하기 때문이다.

아침 햇살을 보는 것이 불면증을 치료하는 데 가장 효과적인 방법이지만, 아침 일찍 일어나는 일이 세상에서 가장 어려운 사람이라면, 아래 복식호흡을 따라 해보길 바란다.

❶ 먼저 편안한 자세로 침대에 눕는다.

❷ 몸 안에 쌓인 피로를 입을 통해 내보내듯 천천히 숨을 뱉는다.

❸ 그다음 코를 통해 4초간 천천히 숨을 들이마시고, 7초간 숨을 멈춘다.

❹ 다시 8초간 입을 통해 천천히 숨을 내뱉는다.

이 과정을 반복하다 보면 온몸의 긴장이 서서히 풀리면서 편하게 잠들 수 있을 것이다.

05

화장하는 것조차 귀찮아요

 주의! 충분한 휴식이 필요합니다

"거울 앞에서 영원히 수염 깎는 일을 되풀이할 자신을 상상하니 몸서리가 난다"라는 유서를 남기고 자살한 철학자가 있었다.

오늘 아침에 깎은 수염은 저녁이면 다시 자라 있다.

그것을 내일도 깎는다.

저녁이면 또다시 자라나 있을 것이다.

그렇다고 해서 자살까지 할 이유라고 하기에 워낙 특이하다 보니 당시에는 화젯거리가 됐지만, 우울증이 만연한 현대사회라면 제법 그럴 듯한 이유라는 생각도 든다. 겉모습을 가꿀 기력조차 없는 것도 명백한 '우울증 초기 증상' 중 하나이기 때문이다. 즉, '거울을 보고 화장하는 것이 싫어졌다', '외출이 귀찮다', '이를 닦고 몸을 씻는 최소한의 관리조차 게을리 한다' 등을 경험했다면 이미 위험 신호가 켜진 셈이다.

만약 화장이 지겹게 느껴지는 진짜 이유가 '거울을 보는 것조차 싫기 때문'이라면, 당신은 생각보다 큰 스트레스를 받고 있을 가능성이 크다. 이때는 충분한 휴식을 취하면서 자신의 마음을 어루만져야만 한다.

그저 화장이 잠시 지겨워졌을 뿐이라면, 화장도구를 새로 장만하거나 친구와 서로 화장을 해주는 것도 좋은 방법이다. 새로운 도전을 하고 싶다면 휴일에 화려한 풀 메이크업을 하고 신나게 놀아보자. 또, 기초화장에 보다 신경 쓰고 피부를 곱게 가꾸거나 프로 메이크업아티스트에게 화장을

내 마음 먼저 챙기고 싶을 때 읽는 책

받으며 화장기술을 배워보는 것도 좋다.

　화장은 자신이 되고자 하는 모습에 한 걸음 다가서며 기분을 끌어올리는 중요한 과정이다. 매일 아침, 자신의 민낯과 마주하고 피부상태와 안색을 체크해보자. 그리고 오늘은 어떤 색 립스틱을 바를지, 어떤 모양의 아이라인을 그릴지 생각하며 조금씩 세상에 나설 자신을 만들어나가자.

　거울 앞에서 화장을 하는 것은 '자신의 마음을 들여다보는 것'과 같다. 앞으로도 거울 속 자신과 대화를 나누면서 마음상태를 확인해보자.

06

고민을 들어줄
사람이 필요해요

1년 선배를 찾아가세요

어떤 고민인지 알 수 없지만, 당신은 그저 이야기를 들어줄 누군가가 필요하다는 생각이 든다.

그 고민이라는 것이 우락부락한 불량배의 심기를 건드렸다든가, 막대한 빚을 졌다든가, 견디기 어려운 두통이 있다든가 하는, 촌각을 다투는 사안이라면 지금 당장 경찰이나 변호사, 의사에게 달려가자!

내 마음 먼저 챙기고 싶을 때 읽는 책

만약 일상의 소소한 고민거리를 상담하고 싶은 거라면 그에 가장 알맞은 상대가 있다. 바로 자신보다 '한 살 많은 선배'다. 나보다 어린 사람의 의견은 어쩐지 가볍게 느껴지고, 동갑내기 친구의 의견에는 쉽게 의존하고 맹신하게 되는 경향이 있다. 하지만 자신보다 한 살 많은 선배는 적당한 거리를 유지하면서, '선후배 감각' 덕분에 현실에 도움이 되는 솔직한 조언을 들을 수 있다.

'선후배 감각'은 누구나 갖고 있다. 지난 학창시절을 한번 떠올려보라. 후배는 선배라면 일단 존중하고, 선배는 후배에게 괜찮은 사람으로 보이고 싶어 하지 않았던가? 그렇다. '선후배 감각'이란 바로 이런 것이다. 나이가 들어서도 학창시절에 깊이 각인된 이 감각은 쉽게 사라지지 않는다.

1년 선배는 주변에서 쉽게 찾을 수 있다. 그중 이야기 상대로 편한 선배에게 고민을 털어놓으며 '선배 감각'을 자극해보자. "저 고민이 있는데, 선배라면 분명 해결해주실 거라 믿어요!"라고 말을 걸면, "어쩔 수 없네, 내가 들어줄 수밖에" 하며 못 이기는 척 대화상대가 되어줄 것이다.

고민의 답을 찾는 것은 중요하지 않다. 마음속 가득 찬 고민을 털어놓는 것만으로 이전보다 마음이 훨씬 가벼워질 것이다.

07

스마트폰을 자주 잃어버려요

 스마트폰에 이름을 지어주세요

스마트폰을 자주 잃어버린다고? 동지를 만났다. 실은 나도
그렇다. 대체 몇 번이나 잃어버렸는지 다 셀 수도 없다.

오늘날 스마트폰은 들고 다니는 '개인정보 저장소'다. 문
자메시지, 채팅, 업무 일정, 인간관계, SNS 계정, 쇼핑 이
력, 전자지갑, 계좌번호, 사진 등 손바닥만한 작은 기계 안
에 당신에 관한 온갖 정보가 빼곡히 들어차 있을 뿐만 아니
라, 전화번호, 주소, 생일 등 소중한 사람들의 정보도 담겨

있다. 그러니 일단 스마트폰을 잃어버리면 소유자만의 피해로 끝나지 않는다.

멀쩡한 컴퓨터를 자주 망가뜨리던 내게 한 친구가 이런 말을 했다.

"컴퓨터에 이름을 붙여봐. 그러면 좀 나아질걸?"

다소 유치한 조언에 반신반의하며, 당시 기르던 거북이의 이름을 컴퓨터에 붙여줬다. 그러자 신기하게도 그 후로는 컴퓨터가 고장나지 않았다.

마찬가지로 스마트폰에 이름을 붙이고 나서는 잃어버리는 일이 단 한 번도 생기지 않았다. 물론 두어 번 택시에 두고 내릴 뻔한 적이 있었는데, 다행히 기사님이 그 자리에서 알려주셔서 스마트폰 분실 사태를 피할 수 있었다. 이 또한 이름을 지어준 덕분인지도 모른다.

이름을 붙인다는 것은 꽤나 의미 있는 행위다. 이름을 붙이는 순간 더 이상 한낱 소모품이나 도구가 아닌, 자신의 곁을 지키고 함께하는 파트너로서 끈끈한 관계를 맺게 되기 때문이다. 그러므로 수시로 망가뜨리거나 잃어버리는 물건이 있다면 반드시 이름을 지어주자. 소중한 파트너가 된 이상 함부로 다루거나 아무 곳에나 놓아두지는 않을 테니 말이다. 자신이 좋아하는 색으로 칠하거나 얼굴을 그려 넣는 것도 좋은 방법이다.

물론 예방책도 필요하다. 최근에는 어느 통신사든 스마트폰 분실 대책 서비스를 제공하고 있다. 만일에 대비해 보안 패키지에 가입하고 도난 방지 애플리케이션을 설치하자.

그리고 언제 잃어버리든 즉시 찾을 수 있도록 '스마트폰 탐색 순서도'를 작성해 지갑에 휴대하길 바란다. 언제 미아가 될지 모르는 자녀의 옷에 연락처를 수놓아두는 부모의 마음으로 말이다. 스마트폰 탐색 순서도는 평소 자신이 스마트폰을 두는 장소를 정리한 종이를 말한다. 이것을 미리 정리해둔다면, 스마트폰을 찾는 데 허비하는 시간을 대폭 줄일 수 있다.

내가 너의 이름을 불렀을 때
너는 내게로 와 떠나지 않았다

08

아끼는 물건이 망가졌어요

 새로운 인연을 맺을 기회로 여기세요

형태가 있는 것은 언젠가 망가지기 마련이다. 그러나 물건은 망가질지라도 추억은 영원하다. 때문에 아끼던 물건이 망가졌더라도 슬퍼하지 말자. 그보다는 '물건으로서의 졸업'을 축하하는 마음으로 "그동안 함께해줘서 고마워"라며 마지막 작별인사를 건네자. 어쩌면 새로운 물건과 만날 기회를 주고자 당신을 떠난 것인지도 모른다.

상담사로서 덤덤하게 조언을 건네고는 있지만, 사실 나에게도 불과 며칠 전에 슬픈 일이 있었다.

책장을 정리하던 중 위에서 책이 우르르 쏟아지는 바람에 무척 아끼던 로얄코펜하겐 접시가 두 동강이 나고 말았다. 심지어 그 접시는 내가 태어난 해에 만들어진 것으로, 생일 선물로 받은 소중한 물건이었는데 말이다! 그때 내 마음도 산산이 부서졌다.

예쁜 찻잔, 명품 손목시계, 외국에서 사온 인형처럼 누구나 아끼는 물건 하나쯤은 있을 것이다. 그리고 상점에 진열돼 있을 때는 수많은 상품 중 하나에 불과했겠지만, 당신의 눈에 띄어 선택되는 순간 마치 생명을 불어넣은 듯 특별한 존재로 다시 태어났을 것이다. 더군다나 아끼는 물건이 소중한 사람으로부터 받은 선물이라면, 그 사람과의 추억과 함께 소중히 간직하기로 다짐했으리라. 이처럼 우리는 주변에 있는 사물들에 애착을 느끼며 하루하루를 살아간다고 표현해도 과언은 아닐 것이다.

그런데 이토록 소중한 물건이 부서져버린다면 어떨까?

감히 상상하기도 어렵겠지만, 아마도 선물한 사람의 마음과 선물 받을 당시의 상황, 그것에 얽힌 스토리까지 모두 잃은 것 같은 절망감을 느끼게 될 것이다.

매정한 말처럼 들릴지 모르지만, 그럼에도 우리는 앞을 향해 나아가야 한다. 슬픔에 오래 잠겨 있을수록 마음만 더 괴로워질 뿐, 부서진 물건이 되돌아오는 것은 아니기 때문이다.

그런 의미에서, 앞으로는 소중한 물건을 망가뜨리거나 잃어버리면 '새로운 인연을 맺을 때가 왔다'라는 뜻으로 받아들이자. 예컨대 선물 받은 물건이 망가졌다면 선물한 사람을 다시금 떠올리고, 그 사람과 한 번 더 인연을 맺을 때가 왔다고 생각하는 것이다. 어쩌면 "오랜만에 연락 좀 해줘"라는 신호인지도 모른다.

망설이지 말고 상대에게 얼른 전화를 걸어보자. 기다렸다는 듯 반가운 목소리로 "오랜만이네" 하며 인사를 건네올 것이다. 다시금 인연을 깊이 맺음으로써 사라진 물건에 대한 아픔을 차츰 잊어보자.

09

충동구매가 너무 심해요

무서운 감시자와 동행하세요

충동구매하는 습관을 가진 후배가 있었다. 옷과 아기자기한 물건을 좋아하던 그녀는 상점에서 예쁜 물건을 발견했을 때 "꺅!" 하고 소리를 지르며 하는 말이 있었다.

"어머~ 어쩜 이렇게 예쁠까? 안 되겠어, 나랑 같이 집에 가자!"

그 말을 하는 즉시 그녀는 닥치는 대로 쓸어 담았다. 하지

내 마음 먼저 챙기고 싶을 때 읽는 책

만 집으로 데려간 그 '아이들'은 대개 아무 곳에나 방치되기 일쑤였다.

방 안에 차고 넘치는 물건, 그리고 월말이면 맞닥뜨리게 되는 텅 빈 지갑에 위기감을 느낀 후배는 번화가에 나갈 때마다 내게 '브레이크 담당'으로 동행해달라고 부탁했다. 그때부터 마구잡이로 쇼핑을 해대는 후배를 향한 나의 가차 없는 구박이 시작됐다.

"언니, 언니! 이 블라우스 예쁘지 않아? 나한테 잘 어울릴 것 같지?"

"아니, 전혀! 10년 전이라면 모를까! 그보단 지저분한 방부터 어떻게 좀 하지?"

소중한 후배를 위한 일이니만큼 나는 기대 이상의 활약을 펼쳤고, 그것은 꽤나 효과가 있었다! 이렇듯 충동구매로 인해 생활이 힘들어졌다면 브레이크 담당과 동행하는 것도 좋은 방법이라고 생각한다.

한 가지 걱정되는 것은 혹여 당신이 '쇼핑중독'은 아닐까 하는 점이다. 충동구매의 본질이 물건에 대한 집착인지, 아니면 헛헛한 마음을 물건으로 채우려는 보상심리인지 냉정하게 들여다볼 필요가 있다. 심리적 결핍은 충동구매의 가속페달을 밟는 요인이 되기 때문이다. 만약 당신이 '쇼핑중독'이라는 마음의 병에 걸린 것이라면, 전문 상담을 받고 원인을 반드시 치료해야만 한다.

어떤 방법을 동원해도 충동구매를 멈출 수 없다면 쇼핑을 절대로 해서는 안 된다. 상점가에는 아예 얼씬도 하지 말 것! 식료품이나 일용품이 필요할 때는 구매 목록을 적은 메모와 필요한 금액만 지참하고, 장을 다 본 후에는 한눈팔지 말고 곧장 집으로 돌아가길 바란다.

10

TV 앞을 떠날 수가 없어요

 TV를 보는 대신 음악을 들으세요

식사 시간에 TV를 시청하는 사람들이 많을 것이다. 나도 밥을 먹으면서 TV를 볼 때가 많다.

TV를 보는 것 자체는 문제가 아니다. 다만 습관으로 자리 잡게 되면 점점 밥을 먹는 일보다 TV를 보는 데 시간을 빼앗긴다는 것이 문제다. TV를 틀어놓고 있으면 자신도 모르게 TV에 눈이 가는 동시에 자신이 해야 하는 일에 집중할 수 없게 되고, 능률마저 떨어뜨린다. 즉, 아무런 이익이 없다는 소리다.

지금도 TV 앞을 떠나지 못하고 우물쭈물 앉아 있는 당신, TV 보는 것을 멈추고 싶다면 다음 5가지 방법을 필히 따라 해보길 바란다.

❶ TV를 켜지 말 것!

집에 돌아오면 TV부터 켜는 습관을 버리자.

❷ TV 프로그램 편성표를 보지 말 것!

TV 프로그램 편성표를 보다 보면 분명 자신의 흥미를 자극하는 방송 프로그램들이 주르륵 나올 수밖에 없다. 아예 편성표 자체를 검색하는 습관을 버리자.

❸ TV를 통해 정보를 얻지 말 것!

방송국의 관심사는 오로지 시청률을 높이는 것이기 때문에 TV에서 제공하는 정보는 흥미 위주로 편집되거나, 정작 중요한 정보는 빼놓고 전달하는 경우가 많다. 그러므로 제대로 된 정보를 TV를 보면서 얻을 생각은 하지 않는 게 좋다.

❹ TV는 녹화해서 볼 것!

더 이상 방송에 자신의 시간을 맞추지 않아도, 방송을 녹화해 두면 언제든 자신이 원하는 시간에 시청할 수 있다는 장점이 있다.

❺ TV의 꺼짐 예약 기능을 사용할 것!

적정 시간을 정해 자동으로 전원이 꺼지도록 설정하는 것도 좋은 아이디어다.

이밖에 추천하고 싶은 방법은 TV를 보는 대신 '음악을 듣는 것'이다. 특히 치유음악을 들으면 뇌에서 안정감을 느끼게 하는 알파(α)파가 나온다. 그러므로 파도 소리, 시냇물 소리, 재즈, 클래식 등을 듣는 것은 최고의 선택이라 할 수 있다. 이왕이면 음반가게에 직접 가서 음악뿐 아니라 커버 디자인도 마음에 드는 것으로 골라보길 바란다.

11

원망하는 마음을
내려놓고 싶어요

고마운 사람들 10명을 적어보세요

오랜 세월 많은 사람을 상담하다 보니, 어린 시절 신체적 학대를 받은 학생, 바람기가 심한 애인에게 배신당한 여성, 불편한 몸 때문에 차별받은 남성, 시어머니에게 학대당한 며느리 이야기 등 다소 무거운 고민도 접하곤 한다.

시간이 지나도 도저히 용서하기 어려운 사람은 누구나 한 명쯤은 있다. 그러나 미움만큼 소모적인 감정이 또 있을까? 당신도 이를 잘 알고 있지만, 미워하는 상대를 쉽게 용서하

내 마음 먼저 챙기고 싶을 때 읽는 책

거나 이해하지 못했을 것이다. 그저 혼자서 고통을 감내하고 많은 눈물을 흘려왔을 것이다.

상대를 미워함으로써 상처받은 마음을 위로하고 간신히 제정신을 유지한 채 살아왔다면, 이제부터는 다르게 살아보자. 누군가를 미워하는 마음이 당신을 망가뜨리지 못하게 하기 위해서라도, 당신의 의식을 미움의 상대가 아닌 다른 곳으로 조금씩 돌려보길 바란다.

누군가를 원망하는 일은 도리어 자기 자신에게 상처를 주는 것과 같다. 끊임없이 상대를 미워하다 보면 행복에 가장 가까이 다가갈 수 있는 감정마저 잊게 된다. 그것은 바로 '감사하는 마음'이다.

미움의 감정은 잠시 내려놓고 펜을 들어보자. 그리고 사랑으로 키워주신 부모님, 동고동락한 형제자매, 절친한 친구나 직장 동료, 성장하도록 이끌어주신 은사와 상사, 따뜻한 말을 건네준 사람들 등 고마움을 전하고 싶은 사람 10명을 적어보자.

다 적은 후에는 종이에 적힌 사람들의 얼굴과 이름을 하나하나 떠올리며, 소리 내어 "고맙습니다"라고 말해보자. '감사하는 마음'을 표현하는 순간부터 마음이 서서히 따뜻해져오는 것을 느낄 수 있을 것이다.

물론 당신에게 깊은 상처를 입힌 사람을 용서하기에는 시간이 좀 더 필요할지 모른다. 그러나 이처럼 자신의 마음을 수많은 '감사'로 채울 수 있다면, 언젠가는 미움이라는 얼음이 눈 녹듯 사라지고 잃어버렸던 당신의 본모습을 되찾을 수 있을 것이다. 부디 자신에게 '미움을 내려놓지 못하는 고통에서 벗어나도 된다'고 허락해주길 바란다.

내 마음 먼저 챙기고 싶을 때 읽는 책

12

갑자기 죽고 싶은 마음이 들어요

 얼얼하게 매운 우동을 들이키세요!

'죽고 싶다'는 극단적인 생각이 들 때는 절대로 혼자 있으면 안 된다. 곧장 믿을 수 있는 사람에게 도움을 요청하자!

하지만 어엿한 성인으로서 그런 생각이 들 때마다 번번이 친구에게 전화를 거는 일도 쉽지만은 않을 것이다.

내 친구이자 만화 스토리 작가인 기타시바 겐(北芝建)은 그런 위험한 생각에 사로잡힐 때면 '이것'을 해야 한다고 말했다. 어디까지나 위급한 상황의 응급대책이라는 점을 감 안하고 들어주길 바란다.

"죽고 싶은 마음이 들 때는 얼얼하게 매운 우동을 먹자!"

그의 주장에는 나름대로의 이유가 있다.

사람은 죽음에 가까워질수록 체온이 급격히 떨어진다. 체 온이 떨어지면 생존본능이 약해져 삶을 포기하고 싶은 마음 이 커진다. 그러니 일단 체온을 올리고 보는 것이다.

가장 쉽고 빠르게 체온을 올릴 수 있는 것이 바로 '음식'이 다. 그중에서도 빠른 시간 내에 뚝딱 만들 수 있고, 단숨에 들이켜 곧바로 체온을 올릴 수 있는 것. 그렇다. 바로 '우동' 이다. 여기에 빨간 고춧가루를 듬뿍 풀어 넣으면 완벽 그 자 체! 일단 몸이 후끈 달아오르고 나면 죽고 싶은 마음도 사그 라질 것이다. 수시로 '죽고 싶다'는 생각에 사로잡히는 사람 이라면 우동을 생명줄로 여기고 상비하는 것도 나쁘지만은 않다고 생각한다.

시간이 지난 후, "우동 면을 부여잡고 무사히 살아 돌아왔다"라고 이야기하며 웃음으로 승화시키는 것도 좋은 방법이다. 힘들었던 지난 일을 웃음의 소재로 삼는 것은 절망의 시간을 이겨냈다는 승리 선언인 동시에, 주위 사람들에게 보내는 SOS 신호이기도 하다.

사실 '죽고 싶다'는 충동은 심리적 도피 행동이다. 자해행위를 한다거나 심각한 자살충동에 휩싸인 사람은 전문병원에서 치료와 상담을 받을 필요가 있다는 점을 잊지 말자.

참고로 따뜻한 물에 몸을 담그는 것은 되도록 피하는 것이 좋다. 체온을 올리는 데에는 꽤 효과적인 방법이긴 하지만, 때에 따라서는 물도 흉기가 될 수 있기 때문이다.

먹고, 실자!

CHAPTER 02

더는 남에게
휘둘리고 싶지 않아요

\

'나'를 관계의 중심에 세우기

13

다른 사람이 너무 부러워요

자신이 가진 보물에 눈을 뜨세요

20대 시절, 나는 엄청난 콤플렉스에 시달렸다. 키 143센티 미터의 땅꼬마인 내게는 옷도 신발도 맞는 사이즈가 없었기 때문이다. 키가 크고 아름다운 여성을 볼 때마다 내심 부러 워하며 몰래 한숨을 내쉬곤 했다.

50대가 된 지금은 젊고 싱그러운 당신이 진심으로 부럽 다. 다른 사람을 부러워하며 쓰라린 감정을 주체하지 못하

내 마음 먼저 챙기고 싶을 때 읽는 책

는 그 설익음마저도. 만약 내가 당신이 될 수 있다면 가진 돈은 물론, 지금 누리는 모든 행복도 포기할 수 있다!

이런 나를 지금은 이해할 수 없겠지만, 젊음에는 그만한 가치가 있다. 이런 이유로 동서고금의 권력자들이 자신의 모든 재산을 털어서라도 '불로불사'의 묘약과 비법을 손에 넣고자 했던 것이다.

> "젊음 따위는 내 친구들도 모두 가지고 있고, 나보다 어린 사람도 많을 뿐더러, 나에 관해 알지도 못하면서 내가 되고 싶다니, 좀 이상하지 않나요?"

물론 그렇게 생각할 수도 있다. 그렇다면 반대로 당신이 부러워하는 그 사람은 당신에 대해 어떻게 생각할까?

> "나보다 잘난 사람도 많은 데다, 나를 잘 알지도 못하면서 내가 부럽다니, 좀 이상하지 않나요?"

사람은 다른 사람과의 비교를 통해 자신의 행복을 가늠하려는 고약한 습성을 가지고 있다. 그러나 당신이 원하는 '그것'은 정작 본인에게는 별것 아니게 느껴지는 법이다.

마찬가지로 당신에게는 특별할 것 없는 '그것'은, 다른 누군가에게는 무슨 수를 쓰든 손에 넣고 싶은 '보물'일 수 있다. 자, 이제 자신이 가진 것을 소중히 여겨야겠다는 생각이 들지 않는가? 당신의 젊음이 부러운 나지만, 억지로 젊게 꾸미기보다는 지금 내가 가진 '성숙한 아름다움'을 가꿔 나갈 것이다.

14

친구가 라이벌처럼 느껴져요

자기만의 '행복 기준'을 세워보세요

친구가 돌연 결혼 소식을 전해왔다. 친구의 약혼자는 꽃미남에, 키도 183센티미터나 되는 멋진 남성이었다.

'나와 비슷한, 어쩌면 나보다 조금 못하다고 생각했던 친구가 갑자기 훌륭한 남성과 결혼해 나보다 나은 인생을 쟁취한다'는 생각에, 친한 친구가 행복을 손에 넣었음에도 어쩐지 우울해지고 말았다.

'어째서 저렇게 평범한 애가 인기 많은 거지? 왜 나한테는 기회도 오지 않는 거야?'

일단 이런 생각이 들면 어두운 질투심이 타오르기 시작해 걷잡을 수 없이 번져나간다.

'저것밖에 안 되는 게, 저것밖에 안 되면서, 저것밖에……!'

자, 거기서 스톱! 질투심에 사로잡히면 시야가 좁아져 점점 극단으로 치닫게 된다.

당신은 혹시 질투를 '구차하고 추악한 감정'이라고 믿고 있지 않은가? 그것은 사실이 아니다. 사람은 누구나 질투심을 가지고 있다. 어린아이조차 동생이 태어나면 엄마의 사랑을 빼앗겼다는 생각에 응석받이가 된다.

질투가 추악하게 변하는 것은, 그것이 가슴에 차고 넘쳐 '상대에 대한 공격으로 표현될 때'다. 그러므로 친구를 질투하는 마음이 들더라도 무조건 죄악시할 필요는 없다. 다만 질투심을 방치하면 자신도 모르게 상대를 폄훼하는 행동을 할지 모르니, 그렇게 되기 전에 '마음의 상처'를 돌볼 필요가 있다.

당신에게는 친구의 행복을 바라는 마음도 분명 존재할 것이다. 그런데도 자신이 왠지 불행하게 느껴지는 이유는 무엇일까?

그것은 아마도 다른 사람과의 비교를 통해 자신의 가치를 측정하는 습관이 배어 있기 때문일 것이다. 당신에게 필요한 것은 친구와의 비교가 아닌, '자신의 마음이 행복을 느끼는 기준'이다. 당신이 진심으로 바라는 삶과 행복을 머릿속에 그려보자. 당신의 기나긴 인생에서 멋진 애인은 극히 일부분에 지나지 않는다는 것을 깨닫게 될 것이다.

15

상대가 짜증나게 해요

짜증은 화장실 변기 물과 함께 내려 보냅시다

친구와 말다툼을 할 때, 부모님에게 잔소리를 들을 때, 상사에게 주의를 받을 때, 우리는 어째서 상대에게 짜증이 나는 걸까?

의학적 관점에서는 "자율신경 중 하나인 교감신경의 작용 때문"이라고 설명한다. 교감신경이 활발해지면 혈압이 오르고 아드레날린이 분비돼 내장기관이 흥분하는 것이다.

반면 심리적 관점에서는 "상대가 내 생각대로 되지 않기

내 마음 먼저 챙기고 싶을 때 읽는 책

때문"이라고 설명할 수 있다. 이런 경우 서로 한 치의 양보 없이 자기주장만 하다가 결국 감정싸움으로 번질 가능성이 다분하다.

당신은 다음과 같은 말을 누군가에게 한 적 있는가?

"이렇게 하는 것이 옳다고 생각해. 그러니 너는 이렇게 해야만 해! 그런데 왜 내가 말한 대로 하지 않는 거야? 이러니까 내가 짜증이 날 수밖에 없지!"

우리는 먼저 상대를 변화시키는 것은 불가능하다는 사실을 인정해야 한다. 그리고 상대가 무작정 달라지기를 바라서도 안 된다. 그런 기대감이 바로 당신을 짜증나게 하는 원인이기 때문이다.

짜증이 폭발하기 전에 자리를 피하는 것이 상책이다. 상대가 짜증을 돋울 때면, "말씀 중에 죄송하지만, 잠시 화장실에 다녀와도 될까요?"라고 말하고 자리를 피하도록 하자. 화장실을 간다는 사람에게 "안 돼. 지금 상황에 무슨 화장실이야?"라고 할 사람은 없을 테니 말이다. 잠시 자리를 피하는 것만으로도 마음의 평정을 되찾을 수 있을 것이다.

그래도 분이 풀리지 않는다면 화장실 변기를 향해 이렇게 소리치자.

"방금 짜증났던 것, 없던 일로 치자!"

그런 다음 변기 손잡이를 내리기만 하면 된다. 짜증스럽던 감정도 말끔히 씻겨 내려갈 것이다.

그보다 마음을 가라앉히는 가장 쉬운 방법이 있다. 밖으로 나가 하늘을 올려다보는 것이다. 푸른 하늘이라면 더할 나위 없겠지만, 구름이 끼어있든 비가 내리든 상관없다. 우선 하늘을 보고 크게 세 번만 심호흡을 해보자. 몸 안에 신선한 공기를 불어넣는 것만으로도 머리가 맑아지고, 교감신경이 진정된다. 그러면 어느새 '이제 어떻게 하면 좋을까?'를 차분하게 생각할 수 있는 상태가 되어 있을 것이다.

변기야
내 얘길 좀 들어봐!

16

약삭빠른 사람을
용서할 수 없어요

'남은 남이고 나는 나다'라고 생각하세요

붐비는 편의점 계산대에서 새치기를 당해 발끈했던 경험 없는가? 나는 얼마 전 공중화장실에서 내 앞으로 끼어드는 사람 때문에 화가 치밀어 오른 적이 있었다.

아마 당신 주변에도 약삭빠른 사람이 있을 것이다. 사장에게 아부하고 부하직원이 체결한 계약을 가로채는 상사, 학교 다닐 때는 놀기만 하고 심지어 성적도 좋지 않았는데 부모님 연줄로 내로라하는 대기업에 취업한 친구처럼 말이다.

내 마음 먼저 챙기고 싶을 때 읽는 책

정말이지, 절로 얄밉다는 생각이 든다. 그들은 당신만큼 정직하지 않을 수도 있고, 실력으로 겨룰 생각이 전혀 없는 비겁한 사람인지도 모른다. 이렇게 생각하면 나만 손해를 보는 것 같다는 기분이 들지 않는가?

하지만 다시 잘 생각해보자. 아첨쟁이 상사도 그 나름대로는 회사에 공헌하는 바가 있을 것이다. 얄밉게 일류 회사에 입사한 친구는 부모님의 인맥을 적절히 활용했을 뿐이다. 사람을 소개하고 소개받는 것은 비즈니스에서는 당연한 일로, '약삭빠르다'라기보다는 '현명하다'라고 생각할 수도 있다.

성실하고 정직하게 부지런히 차곡차곡 쌓아올리는 것은 사회생활에서 대단히 중요한 덕목이지만, 더욱 효율적이고 요령 있게 하는 방법도 있다. 그렇게 행하는 사람이야말로 '현명한 사람'이다.

정석대로 단계를 밟지 않는 상대에게 괜히 미움을 품기보다는 '남은 남이고 나는 나다'라는 태도를 가지자. 약삭빠른 사람은 시야에서 얼른 지워버리고 자신의 페이스를 잃지 않는 것이 무엇보다 중요하다. 자신의 강점이 무엇인지, 강점을 알고 있다면, 그것을 어떻게 갈고닦을 것인지를 잘 생각해보자. 그리고 충분한 시간을 들여 강점을 발전시키는 데 전념하길 바란다.

17

다른 사람의
평가가 신경 쓰여요

 모두에게 사랑받을 필요는 없습니다

누군가 뒤에서 당신을 험담했다고 생각해보자.

"내숭 떠는 사람 싫더라."

"정말 몹쓸 사람이네."

제삼자를 통해 이를 전해 듣는다면, 유리멘탈을 지닌 당신은 두고두고 속앓이를 할 것이다.

'다들 나를 그렇게 생각하는 거야?'

'혹시 나를 싫어하는 거 아냐?'

시간이 흐를수록 우울감에 사로잡혀 점점 더 빠져나오기 어려워진다. 부정적인 사고의 악순환을 끊지 않으면 더는 앞으로 나아갈 수조차 없게 된다.

우리는 어째서 다른 사람의 평가를 신경 쓰는 것일까? 그것은 자기 안에 '중심축'이 없기 때문이다. 여기서 중심축은 '바른길'을 말한다. 자기 안에 중심축이 있는 사람은 무슨 말을 들어도 흔들리지 않는다. 굳게 믿는 길이 있다면 주위의 잡음에도 영향 받지 않고, 계속해서 그곳을 향해 나아가는 것처럼 말이다.

오래전부터 우리는 강한 동조압력(同調壓力, 다수의 생각에 소수의 생각을 맞추도록 암묵적으로 강요하는 행위)의 지배를 받아왔다. 그래서 분위기 파악을 못하는 사람은 곧바로 무리로부터 배척당하고 비난의 표적이 되기 십상이었다. 하지만 단 한 번뿐인 인생인데, 다른 사람의 평가를 지나치게 의식

내 마음 먼저 챙기고 싶을 때 읽는 책

하고 눈치 보며 살아가는 것은 정말 어리석은 일이 아닐까?

　물론 자기 스스로 '나는 가치 있는 인간'이라고 평가할 수 있다면 아무 문제없다. 다른 어떤 것보다 자신의 기준에서 부족함 없는 사람이 되는 것이 먼저이기 때문이다. 자신의 능력을 키워나가면 자연히 '중심축'이 만들어지고, 주위에서 무슨 말을 들어도 신경 쓰이지 않을 것이다.

　더불어 강조하고 싶은 한마디가 있다. 바로 "모두에게 사랑받을 필요는 없다!"는 것이다. 당신의 생각과 행동에 공감하는 사람들과 어울리길 간절히 바란다.

18

누군가를 험담해야 될 때는 어떻게 하나요?

그 자리에서 전속력으로 도망가세요

"다른 사람한테 말하면 절대 안 돼. 우리 둘만의 비밀이야."

모두들 어린 시절 친한 친구와 속닥속닥 이야기꽃을 피우던 달콤한 추억이 있지 않은가? 예나 지금이나 아이들은 비밀 이야기를 좋아한다. 그러나 다음 날, '둘만의 비밀'을 학급 전체가 알고 있다는 사실에 뼈아픈 배신감을 느낀 경험도 있을 것이다.

그렇다. 성숙한 어른이라면 "이건 비밀인데"로 시작하는 악마의 속삭임에는 애당초 응하지 않는 것이 좋다.

그 내용이 이야기를 꺼낸 사람에 관한 것이라면 그나마 덜하지만, 누군가의 험담을 공유하려는 것이라면 문제가 된다. 이때는 절대로 맞장구를 쳐서는 안 된다. 나중에 당신이 모조리 뒤집어쓸 것이 분명하기 때문이다.

맞장구를 쳤다 = 긍정했다 = 그렇게 생각하고 있다 = 그렇게 말한 것이나 다름없다 = "○○(여기에는 당신의 이름이 들어간다)도 그렇게 말했어!"

→ 주위 사람의 반응: "어머, ○○가 그런 말을 했구나!"

비밀을 좋아하는 사람과 단둘이 만나는 일은 피하는 것이 가장 현명하다. 어떻게든 위험한 방향으로 이야기가 흘러 갈 가능성이 높기 때문이다. 그러므로 상대의 입에서 "이건 비밀인데"가 흘러나왔다면 그 즉시 전속력으로 도망치길 바란다. 전화가 걸려온 척 가방에서 휴대전화를 꺼내, "여보세요? 아, 잠깐만" 하며 자리를 뜨는 노골적인 방법도 상관없다.

설령 그것이 시시한 가십거리라 하더라도 주의가 필요하다. 이런 부류의 사람은 대체로 '뒷이야기에 밝은 자신'을 과시하지 않고는 못 견디기 때문이다. 또한 무심코 동조했다가는 그 즉시 '상대가 가진 정보를 탐닉하는 정보 약자'로 낙인찍혀, 앞으로도 계속 비밀을 들어주는 신세가 되고 말 것이다. 일명 '비밀 샌드백'으로 전락하지 않으려면 역시나 그 상황에서 재빨리 도망치는 것이 상책이다. 오해의 여지가 남지 않도록 말이다.

이건 비밀인데...
나는 그런얘긴 안들어요

19

따돌림을 당하고 있어요

따돌리는 집단에서 빠져나오세요

일주일간의 긴 연휴 동안 고향에 머물다 길에서 우연히 고
교동창을 만났다. 친구는 만나자마자 "왜 매번 동창회에 빠
지는 거야?" 하고 다짜고짜 핀잔을 줬다. 영문도 모른 채 나
는 "어, 어? 무슨 말이야?" 하고 당황해하다가 어색하게 헤
어지고 말았다. 친구는 아마 내가 도도하게 군다고 생각했
을지도 모른다.

　그 순간, 이미 시간이 흐를 대로 흘렀는데도 학창시절 때

처럼 시덥잖은 이유로 친구에게 '따돌림' 당할까 걱정했다.

이제 더 이상 따돌림은 소수만이 겪은 희귀한 경험이 아니다. 언제든 도시락을 함께 먹던 친구들로부터 이유도 없이 소외당하거나 채팅방에서 밀려나는 등 갑자기 따돌림의 표적이 될 수 있다. 그럴 때 어떻게 해야 할까?

그 답은 의외로 간단하다. 동료를 따돌리는 짓이나 하는 형편없는 집단에서 빠져나오는 것이다.

처음에는 좁은 사회 안에서 자신만 배제됐다는 사실을 인정하기가 괴로울지 모른다. 그러나 시야를 조금만 넓혀보면, 건물 밖에 펼쳐진 넓은 세상에는 실로 다양한 사람이 존재한다는 사실을 깨닫게 된다.

당신에게 꼭 맞는 '장소'와 당신을 일원으로 받아줄 '사람들'은 반드시 어딘가에 있다. 그러므로 우물 안 개구리처럼 지금 속해 있는 집단에만 머물러 있지 말고, 영어회화 스터디그룹이나 취미를 함께 즐기는 동아리 등 더 넓은 세상의 사람들과 새로운 관계를 맺어보는 것도 하나의 방법이다.

더 넓은 시야를 갖게 해주는 곳, 나를 더 높은 곳으로 인도해주는 동료들과 만남으로써 자신이 가진 새로운 가능성을 발견할 수 있을 것이다.

20

남에게 폐만 끼치는 것 같아요

 너무 자책하지는 마세요

'남에게 폐만 끼치고 사는 것은 아닐까?'

이런 생각에 빠진 사람이 생각보다 많다. 아마도 "다른 사람에게 폐를 끼쳐서는 안 된다"라는 가르침을 어린 시절부터 과도하게 받아온 후유증인지도 모른다. '나로 인해 타인이 불이익을 당해서는 안 된다'라는 삶의 태도는 훌륭하지만, 여기에 얽매여 세상을 살아갈 필요는 없다.

Y 씨는 고등학교 교장인 아버지로부터 "다른 사람에게 폐를 끼치지 말아라"라는 말을 귀에 못이 박히도록 들으며 자랐다. 그런 그녀가 성인이 되어 한 대규모 무역회사에 취직했는데, 아주 사소한 실수로 상사를 곤란하게 만들었다. 이후부터 Y 씨는 급격히 자신감을 상실했고, 결국 입사한 지 2년 만에 회사를 그만뒀다. 자신의 실수로 타인에게 폐를 끼친 것을 자책한 결과였다.

Y 씨라면 충분히 그런 선택을 할 만하다. 남에게 피해를 줬다는 이유만으로 죄책감을 느끼고, 모든 책임을 자신에게 돌리며 끝내 그만둘 수밖에 없었을 것이다.

그러나 Y 씨의 선택이 마냥 옳다고는 할 수 없다. Y 씨의 상사 또한 그가 관리직으로 받는 급여에는 부하직원의 실수를 책임지고 고개 숙이는 일까지 포함돼 있다. 실패를 밑거름으로 삼아 성장해나갔다면 결과적으로 회사에도 상사에게도 이익이 됐을 것이다. 폐를 끼쳤다는 생각에 위축돼 회사를 뛰쳐나오는 것이 오히려 더 큰 손실인 셈이다.

이것만 기억하자. 대다수 사람들은 누군가의 실수를 민폐로 생각하지 않는다. 더구나 한두 달씩이나 기억하지도 못한다. 당신이 폐를 끼쳤다고 미안해하는 상대는 오히려 당신으로부터 도움을 요청받고 도와주게 된 것을 기쁘게 생각할지도 모른다.

　만약 당신이 실수를 저질러 누군가의 도움을 받게 되더라도 자책할 필요는 없다. 그리고 반대의 입장이 되더라도, 또 다른 미덕인 '덕분에 정신'을 발휘해 다른 사람으로 인해 입은 사소한 피해를 너그럽게 이해하는 마음의 여유를 가지기를 바란다.

21

싸움을 걸어오면
어떻게 피하나요?

빙긋 웃어넘기세요

각박한 세상을 살다 보면 종종 싸움을 걸어오는 사람을 만나게 된다. 그럴 때는 빙긋 웃어넘기자. 애초에 상대조차 하지 않는 것이다.

에도시대(1603년~1867년)에 지구상 인구가 가장 밀집해 있던 지역은 에도(江戸)였다. 당시 100만 명이 거주했던 곳으로, 상하이, 파리, 런던보다도 인구가 많았다고 한다. 인구가 많은 탓에 에도에서는 사람들끼리 짜증내고 싸우는 것을 막기 위해 여러 가지 규칙이 생겨났다.

그중 자신의 불찰을 사과한다는 의미의 '웃카리 아야마리(うっかりあやまり)'라는 것이 있다. 길을 가다 발을 밟고 밟히는 일이 발생하면, 오히려 밟힌 사람이 "죄송합니다"라고 사과하는 것이다. 여기에는 '발을 밟힐 만한 위치에 조심성 없이 발을 디딘 자신의 잘못'이라는 의미가 담겨 있다.

밟은 쪽이 아닌, 밟힌 쪽이 사과하니 싸움으로 번질 리 만무하다. 이런 겸허함이야말로 살벌한 현대사회를 살아가는 우리에게 필요한 지혜가 아닐까 생각된다.

체구가 작은 나는 만원전철에서 발을 밟힐 때가 많다. 전철 승차장에서 떠밀리는 것도 일상다반사다. 상대의 큰 덩치에 작고 가벼운 나는 맥없이 튕겨지고 만다.

한번은 선로로 떨어질 뻔했는데, 그 순간 열차가 들어오는 바람에 죽음의 문턱까지 가보기도 했다. 그렇다고 해서 상대에게 화를 내본 적은 단 한 번도 없다. 화를 내면 지는 것이기 때문이다.

화를 내는 순간 뇌에서는 '노르아드레날린(noradrenalin)'이라는 호르몬이 분비된다. 이것은 맹독성 물질로, 체내에 축적되면 질병을 일으키고 생명을 단축시킨다. 또한 화를 내면 혈압이 상승해 뇌출혈을 일으킬 가능성마저 있다. 흥분하면 내분비샘에도 영향을 미쳐 소화흡수 능력도 저하된다. 화는 그야말로 '백해무익'하다. 때문에 누군가 싸움을 걸어오거나 직접적인 피해를 입혔다면, 감정적으로 대응하기보다는 빙긋 웃으며 가볍게 넘기는 것이 모두에게 좋다.

22

"못생겼다"라는
말을 들었어요!

 단 하나뿐인 '개성'이라고 반박하세요

앞으로 "못생겼다"라는 말을 듣는다면 이렇게 반박하자!

"내 미모를 몰라보다니, 참 안타깝네."

품격 있는 사람은 타인을 외모로 판단하지 않는다. 당신
에게 그런 말을 한 사람의 품격은 굳이 설명하지 않아도 알
만하다.

나는 얼굴보다 성격이 안 좋다는 말을 자주 듣는다. 하지만 이 말은 곧 내게는 칭찬과도 같다. 상대가 누구든 주눅 들지 않고 옳은 말을 하고야 마는 나의 당찬 성격을 칭찬하는 것 같아 고마울 따름이다.

그렇지만 여성으로서 "못생겼다"라는 말을 듣는 것은 사활이 걸린 문제나 다름없다. 함께 있는 자리에서 농담조로 한 말이라면 웃어넘기기라도 하겠지만, 제삼자를 통해 듣게 된다면 그때는 정말 큰 상처가 된다.

당신이 '쿨'한 성격의 소유자라면 직접 담판을 짓는 것도 좋은 방법이다.

"친구에게 들었는데, 내가 예쁘지 않다고 한 게 사실인가요?"

직설적일지는 몰라도 가장 뒤끝을 남기지 않는 최고의 방법이다. 말한 사람에게 직접 이야기를 들어보면 정작 본인은 기억조차 하지 못하는 가벼운 말이었을 수도 있다. 때문에 "그런 말 한 적도 없고, 그렇게 생각하지도 않아요"라는 답을 듣는다면 당신의 승리다!

　그러나 당신에게는 이보다 뿌리 깊은 고민이 존재하는 것 같은 느낌이 든다. 당신의 외모가 예쁜지 아닌지는 사실 중요하지 않다. 당신 스스로 자신감을 갖지 못하는 것이 진짜 문제다. 그래서 사소한 말 한마디에도 예민하게 반응하게 되는 것이다. 이것을 해결하지 않으면 앞으로도 걸핏하면 "역시 나는 예쁘지 않은가 봐"라며 자괴감에 빠질 것이다.

　당신은 무엇과도 바꿀 수 없는 단 하나뿐인 소중한 존재다. 마찬가지로 당신의 얼굴은 세상에 단 하나뿐인 멋진 '개성'이라는 사실을 잊지 말자.

누가뭐래도
나는 참 멋지다

23

엄마가 지나치게 간섭해요

 당신도 '홀로서기'를 각오해야 합니다

최근 '과잉보호에다가 간섭까지 심한 자신의 어머니를 말리고 싶다'는 상담이 자주 들어오고 있다.

> "새로운 일을 시도할 때마다 엄마는 '그러다 실패하면 어떻게 할래?'라며 간섭해요. 마치 내 인생을 조종하려는 것처럼요."
> "애인이 안 생기는 건 엄마 때문인 것 같아요. 구속받는 것 같아 갑갑해요."

"제가 없을 때 방에 들어와서 몰래 일기를 읽었다고 하더라고
요!"

"남자친구와 여행 갔을 때 30분마다 문자가 와서 흥이 다 깨졌지
뭐예요."

어머니의 이러한 '과도한 간섭'은 아버지가 자녀 양육에
무관심한 가정에서 주로 나타난다. 자녀에 대한 속박의 이
면에는 어머니 자신의 결핍된 마음이 투영된 셈이다.

하지만 이대로라면 매우 위험하다! '자녀 의존증'에 걸린
어머니 밑에서 자란 자녀는 마찬가지로 '엄마 의존증'에 걸
릴 수 있기 때문이다. 독립하고 싶다면 한시라도 빨리 어머
니와 거리를 두길 바란다. 물리적으로도 정신적으로도 떨
어져 지낼 필요가 있다.

그보다 더 중요한 것이 있다. 가장 먼저 당신 스스로 '어머
니에 대한 의존에서 벗어날 수 있는지'를 확인해봐야 한다.

당신은 아마도 어머니가 음식을 만들어주고, 방을 청소
해주고, 빨래를 해주고, 물건을 사다주고, 우편물을 보내주

고, 마트까지 차로 데려다주는 생활을 했을 것이다. 이제껏 어머니의 도움을 받으며 편하게 살아온 생활을 포기해야 하는데, 이 모든 것을 내려놓을 각오가 되어 있는가?

마음처럼 쉬운 일은 아니겠지만, 자신을 보호의 대상이 아닌 언젠가 둥지를 떠나갈 존재로서 구체적인 행동을 보여준다면 어머니도 당신을 어엿한 성인으로 인정할 수밖에 없을 것이다.

물론 그 홀로서기가 반드시 순조롭게 진행되리라는 보상은 없다. 그러나 당신에게는 '실패할 권리'가 있다는 사실을 잊지 말자. 그 실패야말로 당신의 경험치를 높여 새로운 인생의 밑거름이 될 것이다.

24

툭하면 언니랑 비교당해요

자신의 미래 가정을 한번 생각해보세요

학예회에서 맡은 역할의 비중, 학기말에 받아오는 성적표, 집안일을 얼마나 돕는지 등 형제자매가 있는 사람이라면 누구나 비교당한 경험이 있을 것이다.

자녀에게는 부모로부터 '칭찬받고 싶은 본능'이 깊이 내재돼 있다. 이것이 뜻대로 되지 않으면 사랑받지 못한다는 생각에 상처 입고 비뚤어지기도 한다. 이미 어엿한 성인이 된 당신이 여전히 비교당하는 일에 상처받는 것은, 아마도 어린 시절에 입은 상처가 아직 치유되지 못했기 때문인지도 모른다.

K 양은 유명 사립여자대학교를 졸업하고 일본 최고의 기업에서 일하고 있다. 일반적인 부모의 눈에는 부럽기만 한 훌륭한 여성이다. 그러나 그녀는 마음속 깊이 자리 잡은 언니에 대한 콤플렉스를 떨쳐버릴 수가 없었다.

"언니는 국립대학교를 나와 공기업에 높은 직급으로 입사했고, 지금은 영국 유학 중이에요. 내년에 귀국하면 대학동창인 재벌가의 아들과 결혼할 예정이고요. 부모님께는 언니야말로 집안의 자랑인 거죠. 그런 언니와 평생 비교당하며 사는 심정, 이해가 되세요?"

K 양은 그동안 가족에게서 많은 상처를 받아온 듯했다. K 양의 마음은 이미 부모님의 사랑을 독차지한 언니에 대한 패배감으로 똘똘 뭉쳐 있었다.

그러나 부모에게 자녀는 아무리 나이가 들어도 그저 '아이'일 뿐이다. 걱정하는 마음에 자녀를 비교하는 것 또한 부모의 사랑인 것이다. 그럴 때는 부모님께 "걱정하지 마세요. 나는 행복해요"라고 말해보자. 그리고 나를 낳아주고 키워주신 데에 감사하자.

미국 작가 링 라드너(Ring Lardner)는 이렇게 말했다.

"당신이 자란 가정은 앞으로 당신이 꾸릴 가정보다 소중하지 않다."

형제자매와 나를 비교하는 것보다 앞으로 당신이 어떤 가정을 만들어나갈지가 백 배는 더 중요하다. 이제 시선을 가족에서 '나'로 돌려보면 어떨까?

내 마음 먼저 챙기고 싶을 때 읽는 책

CHAPTER 03

'만성 직장 알레르기'에 시달리고 있어요

\

슬기로운 직장생활을 위한 돌파구 찾기

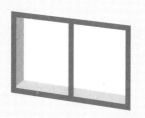

25

입사 시험에 떨어졌어요

'회사'가 아닌 '일'을 선택하세요

당신이 입사시험에 떨어진 것은 어쩌면 "그 회사에 들어가지 말라"는 신의 계시인지도 모른다. 그래도 쉽게 꿈을 포기하거나 실망하지는 말자.

혹시 한 회사에만 줄기차게 지원하고 있다면, 이제는 '회사'가 아닌 '일'을 선택해보는 것은 어떨까? 회사의 규모가 아닌 '자신이 무엇을 하고 싶은지'를 기준으로 직업을 선택하는 것이다.

내 마음 먼저 챙기고 싶을 때 읽는 책

내가 취직활동을 하던 시절의 이야기다. 출판·편집 일을 하고 싶었던 나는 시즈오카의 증권회사를 그만두고 심기일 전해 도쿄로 거처를 옮겼다. 그리고 나서 취업정보지를 뒤져 대형 인쇄회사 편집실, 대기업 홍보실, 은행 기업사편찬실 등의 구인광고만 골라 지원했다. 그러나 매주 '기원레터'만 날아올 뿐이었다. 기원레터란 "앞으로 이시노 씨의 활약을 기원하겠습니다"라고 적힌 불합격 통지서를 말한다.

하는 수 없이 작은 편집 프로덕션에 들어갔다. 아파트 방 한 칸에 여러 명이 다닥다닥 붙어 앉아 일하는 모습이 마치 악덕 기업의 냄새를 진하게 풍기는 사무실처럼 느껴졌다. 그런데 알고 보니 내가 애독하던 잡지 〈다카라지마(宝島)〉와 〈신보 저널(新譜ジャーナル)〉을 편집하고, 그토록 좋아하던 하마다 쇼고(浜田省吾)의 콘서트 팸플릿 등을 제작하는 하도급 회사였던 것이다! 쥐꼬리만한 월급에, 날마다 격무에 시달리던 탓에 휴가조차 제대로 쓸 수 없는 열악한 근무환경에서 일했지만, 하루하루가 짜릿하고 마냥 즐겁기만 했다. 다시없을 소중한 경험이었다.

채용되지 못했다는 사실에 우울해할 필요는 없다. 회사는 셀 수 없이 많기 때문에 선택지는 얼마든지 있다. 새로운 가능성은 스스로 열어나가는 것이다. "이 일을 하고 싶다!"라고 굳게 결심했다면, 어떻게든 목적지에 도달하겠다는 믿음을 가지고 행동해보자. 반드시 좋은 결과가 있을 것이다.

26

회사에 출근하기 싫어요

 자기 전에 좋아하는 일을 해보세요

내일 회사에 출근하고 싶지 않은 이유는 무엇인가? 먼저 그 이유를 말해보자. 그리고 이제 그 이유를 제거해보자. 예를 들면 이렇게!

- 상사에게 혼났다. → 누구나 실수하는 법!
- 내일은 죽도록 바쁜 날이 될 것이다. → 아무리 바빠도 죽지 않는다!

마음을 옥죄는 '우울'이라는 사슬에 굴복하는 대신, "어떻게든 되겠지"라고 소리 내어 말해보자. 그러면 무겁기만 하던 내일의 업무가 조금은 가볍게 느껴질 것이다.

그리고 하나 더, 자기 전에 하지 말아야 할 일들이 있다.

- 메일을 확인하지 않는다.
- TV 뉴스를 시청하지 않는다.
- 이불 속에서 스마트폰을 만지지 않는다.
- 술을 마시거나 야식을 먹지 않는다.

의학적인 설명은 생략하지만, 위와 같은 행동은 모두 수면을 방해한다.

반대로 자기 전에 하면 좋은 일은 다음과 같다.

- 자극이 강하지 않은 범위 내에서 좋아하는 일을 한다.
- 따뜻한 물에 몸을 담근다.
- 몸과 마음의 긴장을 풀어주는 아로마 테라피를 하거나 허브차를 마신다.

그중에서도 특히 좋아하는 일을 하길 권하고 싶다. 뇌는 자기 전에 한 일을 '다음날을 위한 자양분'으로 삼기 때문이다. '출근하기 싫다'와 같은 아침을 우울하게 만드는 나쁜 생각은 적어도 들지 않을 것이다.

27

일이 즐겁지 않아요

단점보다 장점을 떠올려보세요

당신은 어째서 일하는 것이 즐겁지 않을까? '매너리즘에 빠졌다', '성과를 내지 못했다', '너무 바쁘다', '하고 싶은 일이 아니다', '근무 환경이 혹독하다', '인간관계에 문제가 있다' 등 아마 다양한 이유가 있을 것이다.

그런 당신 앞에 놓인 선택지는 대략 3가지로 정리할 수 있다. 이 중 무엇을 따르는 게 가장 좋을까?

내 마음 먼저 챙기고 싶을 때 읽는 책

❶ 일을 그만둔다.

❷ 꾹 참고 견딘다.

❸ 조금이라도 즐겁게 일할 수 있는 방법을 찾는다.

먼저 일을 그만두는 것은 잠시 보류해주길 바란다. 즐겁지 않다는 이유만으로 사표를 내는 것은 무척 위험하다. 지금보다 나은 조건의 직장을 찾기란 결코 쉬운 일이 아니기 때문이다. 그렇다면 참고 견디는 것은 어떨까? 싫은 일을 억지로 하며 살아가는 인생이 과연 행복할까?

나가노 현에 사는 대학생 U 양은 취업을 앞두고 나를 찾아온 적이 있다. 여행을 좋아하던 U 양은 비행승무원이 되고 싶었으나, 부모님의 권고로 공무원 시험을 본 뒤 시청에 채용돼 고민하고 있었다. 그런 U 양에게 "장점을 한번 생각해보세요"라고 의견을 전했다.

"음, 시청 일이 재미는 없겠지만 9시 출근 5시 퇴근에, 휴가도 넉넉히 쓸 수 있다는 건 장점이라고 생각해요. 여가를 이용해 여행도 마음껏 다닐 수 있고요."

U 양을 다시 만났을 때 그녀는 시민과 접수창구에서 활기
찬 모습으로 일하고 있었다.

"인생의 중요한 변곡점에 필요한 서류를 발급하는 업무를 맡고
있어요. 실수 없이 처리해야 한다는 책임감을 느껴요. 저를 찾아
오는 모든 분의 새로운 출발을 마음으로 응원하고 있어요."

이런 까닭으로 세 번째 방법을 권한다. 이것이 프로의 자
세다. 일을 즐겁게 만드는 것은 누군가를 위해 가치 있는 일
을 한다는 '사명감'인 것이다. 혹시 많은 사람으로부터 감사
를 받고 자랑스럽게 여길 만한 순간을 놓치고 있지는 않은
가? 아무리 하찮은 일이라도 거기에는 당신이 미처 깨닫지
못한 가치가 존재한다는 사실을 기억하자.

28

이직하고 싶어요

 일에 대한 만족감이 없다면 이직하세요

최근 이직을 고민하는 사람들이 많아졌다. 특히 급여 문제는 이직을 고려하는 데 빼놓을 수 없는 조건일 것이다. 만약 당신이 실력으로 승부를 겨루는 세계에서 살아갈 자신이 있다면 이직 후에도 급여가 오를 수 있다.

근무조건, 사내 인간관계, 자신의 능력 등 이 중 당신은 지금 하는 일의 어떤 점에 한계를 느끼는가? 만약 급여도 적고, 휴가도 없고, 추가 근무 수당도 나오지 않는 '노동 착취 기업'에서 일하고 있다면, 지금 당장 이직 사이트를 찾아보고 새로운 직장을 구하는 편이 나을지도 모른다.

그러나 만약 인간관계 때문에 이직을 생각하는 것이라면, 사표를 내지 않고 문제를 해결하는 방법을 우선적으로 찾아야 한다. 이 경우는 부서 이동이나 전근을 요청하는 방법으로 해결할 수 있다.

먼저 믿을 수 있는 선배와 의논해보자. 아주 가까운 곳에 당신을 도와줄 사람이 있을 수도 있다. 실제로 상사와 관계가 좋지 않았던 어느 영업사원은 다른 영업과장에게 고민을 털어놓은 적이 있었는데, "그럼, 우리 부서로 오지 그래?"라는 영업과장의 말에 곧바로 새로운 팀으로 옮겨져 자신의 능력을 마음껏 펼치고 있다.

만약 당신이 지금 하는 일에 만족하지 못한다면 인생의 전환점에 와 있는 것인지도 모른다. 자신의 능력에 비해 맡은 일이 하찮게 느껴진다면, 그리고 주위 사람도 당신과 같은 생각이라면, 나비가 고치를 찢고 날아오르듯 새로운 세상을 향해 비약하길 바란다.

  진지한 태도로 일에 몰두하는 사람일수록 자주 '이 일이
과연 나에게 맞는 것인가?'라는 고민을 하고 이직을 생각한
다. 나도 족히 100번은 이직을 고민했다. 당신 또한 앞으로
99번은 이직을 고민해도 좋다.

29

전화를 받기가 두려워요

받기 전과 끊기 전에 '3초'만 세어보세요

타인의존적 성향이 강한 요즘 신입사원들은 전화 받는 것을 두려워한다. 그 이유는 "누가 어떤 용건으로 전화했는지 알 수 없기 때문"이라고 한다. 실제로 전화 받기가 두렵다는 이유로 매년 많은 신입사원이 회사를 그만둔다고 한다.

장년층 이상의 세대는 집으로 걸려온 전화를 다른 식구에게 바꿔주는 경험을 했다. 그러나 요즘 청년층은 태어나면서부터 휴대폰을 접했다. '누가 무슨 용건으로 전화했는지

내 마음 먼저 챙기고 싶을 때 읽는 책

어느 정도 알 수 있는' 휴대폰을 사용해왔기 때문에, 발신인의 이름도 용건도 알 수 없는 회사 전화는 도저히 무서워서 받을 수가 없는 것이다.

주변 사람의 시선을 의식할 수밖에 없는 공간적 특성도 영향을 미친다. 자신의 전화 응대를 듣는 귀가 많으니 '제대로 해야 한다'라는 부담감이 초조함을 불러일으키는 것이다. 어느 여사원은 입사 초기에 전화를 받으며 "○○회사입니다"라고 말실수를 하는 바람에 놀림거리가 된 후로 전화 받기가 두려워졌다고 한다.

전화 공포증을 해결하는 방법은 익숙해지는 것뿐이다.

먼저 전화기 옆에 두 종류의 메모를 준비해보자. 하나는 상대의 용건을 받아 적기 위한 것이고, 다른 하나는 자신이 말할 응대문구를 적는 것이다. 응대문구 메모에는, 첫인사인 "○○회사 ㅁㅁ과 △△△입니다"를 필두로 여러 상황들을 대비한 문구를 작성한다. 여기에 자신이 좋아하는 캐릭터나 소중한 사람의 사진을 붙여두면 도움이 된다.

전화벨이 울리면, 셋을 세면서 호흡을 가다듬고 천천히

수화기를 들자. 이 짧은 공백을 자신의 것으로 만드는 것이다. 한 호흡 쉬고 나서 메모에 붙여둔 캐릭터 또는 사진 속 주인공과 이야기를 나누듯 첫 문장을 읽어보자. 여기까지 해낸다면 다음은 한결 수월할 것이다.

용건을 모두 받아 적고 나면, 마지막 인사를 하고 다시 셋을 센 후 수화기를 내려놓자. 처음 3초는 당신의 마음을 차분하게 만들었다면, 마지막 3초는 상대에게 기분 좋은 여운을 남길 것이다.

30

일을 하다
큰 실수를 저질렀어요

실수를 '기회'로 만드세요

"실수해줘서 고마워요! 덕분에 우리가 같은 실수를 하지 않게 됐
어요."

키엔스(キーエンス)는 일본에서 사원 급여가 가장 높은 회
사다. 이곳에서는 누군가 실수를 하면 다 함께 박수를 쳐준
다고 한다. 사원들의 실수와 그 대처법을 '지식경영'으로 연
결하는 것이다. 이 얼마나 훌륭한 회사인가!

내 마음 먼저 챙기고 싶을 때 읽는 책

'지각했다', '약속을 잊었다', '물건을 잃어버렸다', '메시지 전달을 깜박했다' 등 사람은 누구나 "아차!" 하는 순간이 있다. 그럴 때 '변명하지 않고 용서를 구한다'라는 태도로 반성하면 분명 주위에서 도움의 손길을 내밀 것이다. 만약 실수를 감추거나 밝힐 시기를 미루면 상황은 더욱 악화되고, 결국 아무도 당신을 도와주지 않을 것이다.

실수를 했다면 '당당하게 야단맞을 용기'를 내고, 다음과 같이 행동하자.

❶ 남 탓을 하지 않는다.

최악의 행동은 실수를 다른 사람의 탓으로 돌리는 것이다. 만약 부하직원에게 맡긴 일이 잘못됐다면, 그것은 일을 맡긴 본인의 책임이다.

❷ 원인을 규명한다.

원인을 밝히지 않은 채 넘어가면 같은 실수를 되풀이하게 된다. 특히 잠이 부족할 정도로 바쁜 것이 원인일 때는 주의가 필요하다. 단순한 실수가 아닌 큰 사고로 이어질 수도 있기 때문이다. 휴식이 필요하다고 판단되면 반드시 쉬도록 하자.

❸ 실패를 만회한다.

실패를 만회하는 방법은 간단하다. 가령 늦잠 때문에 회사에 늦어 상사로부터 지적을 받았다면 이렇게 대처해보자.

"늦잠을 자는 바람에 30분 늦고 말았습니다. 오늘은 1시간 더 일하고 퇴근하겠습니다!"

그러고 나서 그날 하루뿐 아니라 일주일 동안 추가 근무를 해보자. 그러면 당신은 오히려 책임감 투철한 사람으로 인식될 것이다. 이른바 '실패의 역전 법칙'을 이용해 업무상 실수를 업무를 통해 만회하는 것이다. 그것만으로도 당신의 신뢰도는 배가 될 것이다.

31

주변 사람들에게
인정받고 싶어요

 실력을 120퍼센트 발휘해보세요

아무리 열심히 일해도 주위로부터 인정받지 못할 때가 있다. 그것은 '회사에서 열심히 일하는 것은 당연하다'는 인식 때문이다. 매출을 올리는 것도 당연한 일이므로 어지간히 노력해서는 높은 평가를 받기 어렵다.

이럴 때는 실력을 '120퍼센트' 발휘해보자. 실력을 120퍼센트 발휘한다는 것은 '상대의 기대치를 넘어서는 것'이다. 예컨대 상사로부터 "업계 동향을 조사하라"는 지시를 받는다면, 경쟁회사 한 곳이 아닌 적어도 5개 회사를 선정해 각각의 강점과 약점을 분석하고 경쟁회사를 앞지르기 위한 전략까지 구상해 제출하는 것이다.

또 고객과 명함을 교환한 후에는 의례적으로 발송하는 인사 메일 대신, 바로 그날 손으로 쓴 엽서를 우체통에 넣어보면 어떨까? 계절과 어울리는 꽃 그림을 그려 넣는다면 틀림없이 좋은 반응이 돌아올 것이다. 다음에 만나면 엽서 이야기로 대화가 무르익을 것이다.

당신이 식당에서 5,000원짜리 점심을 먹게 됐다고 가정해보자. 생면으로 만든 파스타에 샐러드, 빵, 커피가 함께 제공되고 수프는 무한 리필에다가, 식사 후에는 고급 디저트가 나오고 심지어 맛까지 매우 훌륭했다면 어떨까? 적당한 가격에 맛도 좋고 양도 푸짐하다면 당연히 만족할 수밖에 없을 것이다. 이처럼 인간은 자신의 기대치를 넘어설 때 비로소 감동하는 법이다.

'실력을 120퍼센트 발휘하면 더 높은 수준을 기대하지 않을까?'

내 마음 먼저 챙기고 싶을 때 읽는 책

그럼에도 걱정부터 앞서는 사람이 있을 수 있다. 그런 사람에게 하고 싶은 말이 있다.

"120퍼센트 노력해본 적이 없는 사람은 자신의 능력을 알 수 없을 뿐더러 실력을 키울 수도 없다."

실력을 120퍼센트 발휘할 대상은 업무 프로세스일 수도 있고, 결과일 수도 있으며, 고객만족일 수도 있다. 때로는 주위 사람의 입이 쩍 벌어질 정도로 실력을 발휘해보자.

32

상사가 내 능력을 무시해요

유능한 부하직원이라는 점을 어필하세요

진짜 현명한 사람은 상사에게 푸념을 늘어놓지 않는다. 대신 '감정형', '자기애형', '실력부족형' 등 상사의 성향을 분석해 영리하게 다룬다. 때로는 치켜세우고, 기분을 맞추고, 고마움을 표현하며 마치 무선 헬리콥터처럼 상사를 자유자재로 조종하는 것이다.

어느 날 상담을 위해 나를 찾아온 신입사원 M 양은 씩씩

내 마음 먼저 챙기고 싶을 때 읽는 책

대며 불만을 쏟아냈다.

"이름만 대면 누구나 알 만한 일류 대학에서 경제학을 전공하고, 토익도 870점을 받았어요. 해외구매 업무를 희망했는데, 제게 맡겨진 일은 고작 지점 청소와 영수증 정리였어요! 날마다 잡다한 업무만 하고 지낸 지 벌써 반년이 지났지만, 상사는 조금도 제 능력을 인정해주지 않아요. 이 회사를 선택한 게 후회돼요."

만약 당신이 뛰어난 상사 밑에서 일한다면 아무리 좋은 실적을 내도 주위로부터 높은 평가를 받기 어려울 것이다. 그런 당신을 키워낸 상사에게 공이 돌아갈 것이기 때문이다. 하지만 세상에는 완벽한 사람이 없듯, 상사 역시 부족한 점이 분명 있을 것이다. 한 달만 자세히 관찰해보자. 그리고 상사의 부족한 점을 메꿔보자. 그럼 당신의 능력을 주위에 어필할 수 있을 것이다.

"와, 이제 보니 ○○ 씨 엄청난 능력자였네?"

어떤가? '부족한 상사를 보좌하는 유능한 부하직원'이라는 포지션이 꽤 매력적으로 느껴지지 않는가?

앞으로는 상사를 능숙하게 다뤄보겠다는 마음가짐으로 회사생활에 임해보자. 담담하게 상사를 컨트롤하며 업무 능력 향상에 힘쓰다 보면, 어느새 당신은 회사에 없어서는 안 될 존재가 되어 있을 것이다.

33

사무실 분위기가
너무 칙칙해요

 꽃으로 장식해보세요

유독 분위기가 칙칙한 직장이 있지 않는가? 인간관계가 서먹해 대화도 거의 없고 목표 달성에만 필사적으로 매달리는 각박한 직장을 좋아할 사람은 아마 없을 것이다.

이럴 때는 사무실에 꽃 한 다발을 놔둬보자. 자신의 책상, 상사의 자리, 회의실, 출입문 근처, 책장 위 등 위치는 어디라도 좋다. 이것만으로도 칙칙하던 공간이 놀라우리만큼 화사해질 것이다.

어째서 꽃을 놓아두면 분위기가 밝아질까? 그것은 꽃의 색깔과 향기의 덕분이다. 새빨간 장미, 큼지막한 해바라기, 분홍색 튤립, 앙증맞은 카네이션, 달콤한 향기를 품은 카사블랑카……. 간단한 꽃 장식만으로도 삭막하던 일터에 은은한 향기가 감돌고 시각적인 효과로 인해 눈도 편안해질 것이다. 또한 꽃을 싫어하는 사람은 드물다. "오, 센스 있네" 하며 누구라도 좋아할 것이다.

실제로 날마다 고성이 끊이지 않던 어느 증권회사 영업부에서 일어난 일이다. 어느 날 부서 여직원이 사무실 입구에 꽃을 놓아두자, 일주일도 채 지나지 않아 신기한 일이 벌어졌다. 전쟁터처럼 소란스럽던 사무실 분위기가 어딘지 모르게 부드러워진 것이다. 전화를 받는 태도도 공손해지고, 상사가 부하직원에게 보고를 요구하는 목소리도 나긋해졌다. 회의 중 언성을 높이는 일도 눈에 띄게 줄었다.

더 놀라운 것은 그녀가 꽃 장식을 시작한 해부터 영업부의 매출이 상승곡선을 그리기 시작한 것이다. 그 후 그녀는 회사를 그만두는 날까지 사무실 입구에 꽃을 장식했다.

태양과 대지의 에너지를 받고 피어난 꽃은 그야말로 생명의 상징이다. 직관력을 길러주는 '보라', 열정을 불러일으키는 '빨강', 냉철함과 논리력을 자극하는 '파랑', 의욕을 솟게 하는 '노랑' 등 꽃의 색깔에 따라 그 효과도 달라진다. 지금 당신의 일터에 필요한 요소는 무엇인가? 그에 맞는 꽃을 골라 장식해보자.

솔~솔 퍼지는 꽃향기가
불러오는 마음의 여유 ♥

34

남의 잘못을
뒤집어쓰게 생겼어요!

 당신의 편을 꼭 확보하세요

"미안하지만 이번 한 번만 봐줘. 나중에 은혜 꼭 갚을게!"

눈물을 머금고 상사의 간절한 부탁을 들어준 후 죄를 뒤집어쓰고 사회에서 매장당한 직장인의 이야기는 비단 드라마 속에만 존재하는 것은 아니다. 성실하고 정직하게 일해도 보상받지 못하는 경우가 더러 있다. 다른 사람의 실수가 당신의 책임이 되어버리는 경우도 존재한다.

머릿속이 출세로 가득한 상사, 모든 책임을 당신에게 전가하는 선배, 당신의 의견을 무시하는 동료, 잘못을 저지르고도 고개 숙이지 않는 후배 등 이런 인간관계 속에서 어느새 당신만 나쁜 사람이 되어버리는 것. 정말 불합리하지만 드물지 않은 이야기다. 그러나 흔한 일이라고 해서 그러려니 하고 받아들일 수는 없는 노릇이다. 치명적인 타격을 수반하는 실수를 뒤집어쓴 채 일방적으로 비난받는 상황이 벌어진다면 어떻게 해야 할까?

가장 중요한 것은 냉정을 유지하는 것이다. 감정적으로 달려들면 일을 그르치게 되기 때문이다. 노여움은 잠시 내려놓고, 시원한 물 한잔을 마시며 천천히 심호흡을 하자. 그다음 사건의 배경, 자신의 위치, 인간관계, 이해관계, 자신에게 잘못을 뒤집어씌우려는 사람, 방관하는 사람, 내 편이 되어줄 것 같은 사람, 논리적으로 설명하면 이해해줄 것인지, 이미 알고 있으면서 모른 척하는 것인지 등 자신이 아는 한도 내에서 전체 구도를 그려보자.

여기까지 파악했다면 이번엔 당신이 공격에 나설 차례다.

내 마음 먼저 챙기고 싶을 때 읽는 책

오해를 풀기 위해 끈기 있게 노력하며 한 사람이라도 더 많은 아군을 확보하자. 당신이 평소 주위 사람과 신뢰를 쌓아뒀다면 반드시 지원사격을 해줄 사람이 나타날 것이다. 분명 "그 사람은 그럴 리 없어"라고 말하며 든든한 지원자로서 적극적으로 나쁜 소문을 잠재워줄 것이다. 억울한 일로 비난받을 때 비로소 당신의 진가가 드러나게 될 것이다.

35

할 일을 자꾸 뒤로 미루게 돼요

'시작하는 시간'을 정해보세요

만화가 데즈카 오사무(手塚治虫)는 마감이 코앞으로 다가와야 비로소 그림을 그리기 시작한다고 한다. 자신을 위기 상황에 몰아넣음으로써 재능을 발휘하는 타입인 것이다.

이밖에도 할 일을 뒤로 미루는 사람을 '의지박약형', '도피형', '우유부단형' 등으로 분류할 수 있다. 당신은 이 중 어떤 타입인가?

내 마음 먼저 챙기고 싶을 때 읽는 책

일을 뒤로 미루면 결과적으로 더 많은 시간과 에너지가 소요된다. 컨베이어벨트 위에서 이뤄지는 작업인 경우에는 다른 사람에게까지 영향을 미친다. 예컨대 자동차공장에서는 나사 하나만 조이지 않아도 모든 공정이 멈추고 만다.

심리학자 닐 피오레(Neil Fiore)는 "할 일을 뒤로 미루는 것은 결정에 대한 두려움을 회피하려는 심리 메커니즘이다"라고 말했다. 행동경제학에서는 이를 '시간선호'라고 한다. 인간은 미래의 풍요보다 현재의 쾌락을 선호한다는 것이다. 이는 개학이 임박해서야 허둥지둥 방학숙제를 해치우는 것과 비슷한 심리라고 할 수 있다. 이런 심리 메커니즘을 이해하고 자신만의 대처법을 찾아보는 것이 좋다.

그런 의미에서 좋은 해결 방법 하나를 알려주고자 한다. 할 일에 '시한'을 두는 것이다. 일을 '끝내야 할 시간'이 아닌, 일을 '시작하는 시간'을 정하는 것이다. 그 순서는 다음과 같다.

❶ 할 일을 적는다.
❷ 할 일을 시작할 시간을 적는다.

❸ 일하기로 한 시간에 일을 아주 조금 해본다.

❹ 일이 지겨워지면 그만한다.

만약 지겹지 않다면 조금 더 해본다.

❶~❹를 반복하다 보면 어느새 업무가 끝나 있을 것이다.

카피라이터 이토이 시게사토(糸井重里)는 자신이 운영하는 웹사이트 〈거의일간이토이신문(ほぼ日刊イトイ新聞)〉에 다음과 같이 적었다.

"'언제 끝낼 것인가'는 약속할 수 없지만, '언제 시작할 것인가'는 지금 당장 가능하다."

당신도 이 페이지를 다 읽는 시점을 '일을 시작하는 시간'으로 삼아보는 것은 어떨까?

36

"일 처리가 느리다"는 말을 자주 들어요

 때로는 다른 사람에게 맡겨보세요

일을 신속하게 처리하는 방법은 간단하다. 업무의 우선순위를 정하는 것이다.

❶ 지금 당장 시작해야 하는 일인지, 나중에 처리해도 되는 일인지 판단한다.

❷ 중요한 일인지, 덜 중요한 일인지 판단한다.

이것만으로도 상사로부터 잔소리 들을 걱정은 사라졌다.

일 처리가 느리다는 말을 듣는 것은 이 2가지 규칙을 지키지 않아서다. '중요한 일'을 '지금 당장' 시작한다면 당연히 싫은 소리를 들을 일도 없다. 업무의 우선순위를 정하는 것만으로도 일 처리가 한결 빨라질 것이다.

그리고 또 하나, 일 처리가 몇 배는 빨라질 만한 규칙이 있다.

❸ 자신이 처리할지, 다른 사람에게 맡길지 정한다.

하루 24시간 중 근무시간은 8시간이다. 아무리 노력해도 업무 처리량을 두 배로 늘리는 것은 불가능하다. 그러나 업무량을 2분의 1로 줄이는 것은 가능하다. 그 방법은 '다른 사람에게 맡기는 것'이다.

모든 일을 자신이 끌어안으려 해서는 안 된다. 자신이 모든 업무를 책임질 수 없을 때는 꼭 다른 사람의 도움을 받자. 이때 일을 맡길 사람 또는 해당 부서에 잘 설명하는 것이 포인트다. 예컨대 기업사 편찬 또는 창립 10주년 대규모 이벤트 같은 일은 외부 출판전문가나 이벤트업체에 의뢰하는 편이 시간과 노력을 절약하고, 본업에 부담을 주지 않는 길이라고 할 수 있다. 비용은 들겠지만, 그만큼 회사 전체가 본업에 충실히 임하는 편이 더 효율적일 수 있다. 현명한 상사라면 당신의 제안에 귀를 기울일 것이다.

결론적으로 일 처리가 빠른 사람은 '뛰어난 능력의 소유자'도, '일 처리가 능숙한 사람'도 아니라, '다른 사람에게 일을 맡길 줄 아는 사람'인 것이다. 그러므로 업무에 착수하기 전에 '이 일을 다른 사람에게 맡길 수는 없을지'를 먼저 생각해보자. 맡기는 편이 빠르다고 판단되면 그 즉시 실행에 옮기자.

37

항상 시간에 쫓겨요

시계를 5분 빠르게 조정해보세요

늘 시간에 쫓겨 여유가 없는 사람을 위한 간단한 시간관리
기술이 있다. 그것은 '시곗바늘을 5분 앞으로 돌려놓는 것'
이다. 항상 빠듯하게 행동하는 습관이 있는 사람에게 특히
추천한다.

이를 '예령(豫鈴) 효과'라고 하는데, 시계가 5분 빠르다는
것을 알면서도 눈으로 들어온 가짜 정보를 뇌가 믿어버리는
것이다. 그 결과, 5분의 여유가 생겨 서두르지 않고 일을 진

내 마음 먼저 챙기고 싶을 때 읽는 책

행할 수 있게 된다. 일에 끌려 다니지 않고 주도적으로 관리하기 위해서는 시계를 5분 빠르게 설정하는 시간관리 기술을 습관화할 필요가 있다.

시간에 쫓기지 않고 일을 효율적으로 처리하는 방법 2가지가 더 있다.

❶ 시간대별로 해야 할 일을 정한다.

고래 한 마리를 통째로 삼키는 것은 불가능하지만, 작은 조각으로 자르면 남김없이 먹을 수 있다. 이처럼 하루 동안 할 일을 시간대별로 나눈 뒤 구체적으로 무엇을 할지 정하자. 그러면 심리적 부담이 크게 줄어든다.

❷ 끝내야 할 시간을 미리 정한다.

시간대별로 나눈 일 하나하나를 몇 분 또는 몇 시간 안에 처리할지 '마감시한'을 정하는 것이다. 쉬운 일부터 하나씩 처리해나가면 놀라운 속도로 일이 진척될 것이다. 마감시간마다 알람이 울리도록 설정해두면 더욱 효과적이다.

단, 이 방법들이 효과를 내는 것은 주로 '단순 작업'을 할 때라는 것을 잊지 말자. 창조성을 요하는 기획, 제작, 플래닝 같은 업무는 이처럼 시간을 빈틈없이 활용한다고 해서 효율이 오르지 않기 때문이다. 생각하고 고민해 아이디어를 짜내는 일은 자유롭고 유동적인 시한을 두는 것이 이상적이다. 이런 업무는 하루 중 뇌가 가장 활발히 작동하는 오전 시간대에 처리하는 것이 유리하다.

38

고객으로부터
거센 항의가 들어왔어요

 먼저 심호흡을 한 뒤 침착하게 행동하세요

먼저 침착하게 심호흡부터 하자. 문제는 '이제부터 어떻게 대처할 것인가'다. 회피할 것인가, 얼버무릴 것인가, 불만사항 해결에 성심성의껏 임할 것인가? 직업인으로서 당신의 본질적인 가치가 시험대에 오른 것이다.

가장 먼저 해야 할 일은 이유와 원인이 무엇이든 '불편을 끼친 점에 대해 진심으로 사과하는 것'이다. 초동대처를 그르치면 상대의 심기를 상하게 하여 두고두고 화근이 될 수 있다. 겸허하게 사과하는 것, 이것이 기본이다.

다음 할 일은 '고객의 불만사항을 정확히 접수하는 것'이다. 머리끝까지 화가 난 고객은 횡설수설하기도 하고, 인격적인 모멸감을 주는 말을 할 수도 있다. 그래도 평상심을 유지하며 차분히 문제를 정리하도록 하자.

마지막 할 일은 '신속하고 정확하게 관계 각처에 숨김없이 보고하는 것'이다. 절대로 자기 선에서 어떻게든 해보겠다며 문제를 대강 덮어서는 안 된다. 이럴 때 진지한 태도로 신속하게 도움을 요청하는 것이 오히려 당신의 가치를 높이는 길이다.

미국에서 토요타 자동차의 대규모 리콜 사태가 벌어졌을 당시, 취임 직후였던 토요타 아키오(豊田章男) 사장은 공식석상에 좀처럼 모습을 드러내지 않아 대응이 느리다는 지적을 받았다. 그러나 이런 비판을 겸허히 수용한 그의 다음 행보는 이전처럼 느리지 않았다. 기자회견을 열어 고객을 불안하게 한 점을 깊이 사과하고 리콜을 단행했다. 나아가 공청회에 소환됐을 때는 사실관계와 향후 대책을 의연한 태도로 설명하고, "모든 책임은 자신에게 있다"며 사과했다. 또한 미국 전역의 판매점과 협력업체에는 성실한 리콜을 통해 토요타 브랜드를 지킬 수 있도록 노력해준 데 대해 감사를 전했다.

최고책임자가 솔선해 재건에 뛰어든 결과, 오히려 기업 이미지가 향상돼 북미 지역 판매 대수가 1,000만 대를 돌파하며 역대 최고 이익을 기록하는 반전을 끌어낼 수 있었다.

39

반드시 법적으로 해결하세요!

"성희롱 따위는 그냥 무시하면 돼!"

과연 말처럼 쉬울까? 당신도 그렇게 할 수 없어 고민하고 있지 않은가?

나는 시즈오카 현에서 고등학교를 졸업한 후, 지역 내 하마마쓰라는 곳에 있는 증권회사에 취업했다. 당시에는 여성을 남성보다 한 단계 낮은 존재로 보는 시각이 존재한 탓에 성희롱이 일상적으로 이뤄졌다. 1월 시무식 날이면 여사원은 기모노를 입어야 했고, 회식 자리에서는 출입구 쪽 자리를 배정받았다. 그러면 중년 남성 사원들이 화장실에 갈 때마다 여사원의 엉덩이를 툭툭 치는 것이었다. 나는 이에 저항하기 위해 이렇게 말했다.

"제 삼촌이 경찰관이에요!"

물론 거짓말이었지만, 덕분에 아무도 내 엉덩이를 건드리지 않았다.

성희롱은 사실 '지배'와 '괴롭힘'에 가까운 문제다. 사람의 존엄을 짓밟고 감당하기 어려운 굴욕감을 주는, 용서할 수 없는 행위다. 그러나 직장 성희롱으로 고민하는 사람들은 대개 문제를 제기하는 것을 조심스러워한다.

'이런 일로 화를 내면 회사 분위기도 안 좋아질 테고, 유난스러운 사람으로 보이고 싶지도 않고······.'

이렇게 참는 것은 오히려 당신의 마음을 좀먹는 원흉이 된다는 사실을 알아야 한다. 물론 자신보다 약한 상대를 희롱하는 음흉한 인간에게 "NO"라고 말하는 것은 용기가 필요하다. 하지만 괜한 염려와 자기혐오의 굴레에 갇히기 전에 자신을 지켜야 한다.

이때는 비슷한 피해를 당한 사람들과 협력해 직장 성희롱을 근절하도록 노력하자. 혼자서는 어려운 일도 여럿이 힘을 모으면 충분히 할 수 있다. 법률과 회사 규약을 공부하고, 증거를 수집하자. 그리고 최대한 많은 증인을 확보하고 기록을 남긴 후, 회사 내 역학관계를 살펴 문제를 가장 효과적으로 해결할 수 있는 부처에 호소하자.

일본은 사업주에 대해 고용관리의 일환으로서 성희롱 방지와 적절한 사후대응을 의무화하고 있다. 각 사업소에는 상담창구를 설치하고 상담자의 개인정보를 보호하며 상담을 이유로 불이익을 줘서는 안 된다고 규정돼 있다. 견디기 어려운 악질적인 성희롱은 주저하지 말고 반드시 법적으로 처리하자.

40

부하직원과 함께 일하기가 너무 힘들어요

 너무 많은 기대를 하지 마세요

다른 사람에게 일을 맡겼는데, 대충 처리하거나 마감시한을 지키지 않으면 화가 치밀어 오른다. 이럴 때 나는 '50퍼센트 만족스러우면 OK, 70퍼센트 만족스러우면 감사한 일'이라고 생각하기로 했다.

완벽한 성과를 기대하면 실망도 큰 법이다. 기대치를 반으로 낮추면 스트레스 받을 일도 없다.

사람을 키우는 것은 이만저만 어려운 일이 아니다. 야구 선수 나가시마 시게오(長嶋茂雄)는 소년야구교실에서 아이들을 가르치며 이렇게 말했다.

"배트를 꼭 잡고 있다가 공이 슝~ 하고 날아오면 탕! 하고 치는 거야. 알았지?"

틀린 말은 아니지만, 어린아이들을 가르칠 때는 누구라도 이해하기 쉽게 하나하나 구체적으로 설명하는 것이 좋다. 그리고 그것을 해낼 때까지 인내심을 가지고 기다릴 필요가 있다.

무엇보다 개개인의 개성을 파악해 그에 맞는 자세, 연습 시간, 트레이닝 방법을 적용하는 것이 좋은 지도자다. 연습을 지루해하지 않도록 때로는 재미있게 해줄 필요도 있으며, 팀원 간의 인간관계에도 관심을 기울여야 한다. 마찬가지로 일을 할 때도 끈기와 인내와 너그러움이 필요하다.

세상에는 책임감 강하고 유능한 상사가 많이 있다. 그러나 "내가 하는 편이 빠르다"라며 부하직원의 일까지 자신이 모두 처리해버린다면, 확실히 빠르게 해결할 순 있어도 결코 좋은 상사라고 할 수 없다.

사람을 키우는 일은 인내의 연속이다. 끈기가 부족하면 결코 성공할 수 없다. '내가 없으면 우리 부서는 돌아가지 않는다'라는 생각에 무리하다 결국 쓰러지거나, 제대로 된 부하직원 하나 키우지 못한 채 늙어갈지도 모른다.

일단 부하직원에게 일을 맡기기로 한 이상 끝까지 믿고 지켜보기로 마음먹자. 그리고 "정말 큰 도움이 됐어요. 고마워요"라고 시간을 내어 부하직원에게 고마움을 표현해보길 바란다. 이 말을 들은 부하직원은 기다렸다는 듯 자신의 진가를 발휘하기 시작할 것이다.

41

회사에서 해고당했어요

취할 것은 확실히 취하세요

"내일부터 출근하지 않아도 됩니다."

해고는 어느 날 갑자기 찾아온다. 하루아침에 생계수단을 빼앗기고 나면 불안이 엄습할 것이다. 그러나 이런 때일수록 이성적으로 대처해야 한다. 감정에 치우쳐 받은 대로 돌려주겠다며 사표를 내던지거나, 분에 못 이겨 상사에게 주먹을 날려서는 안 된다.

내 마음 먼저 챙기고 싶을 때 읽는 책

가능하다면 노동조합이나 변호사와 상담해 조금이라도 나은 조건으로 퇴직할 수 있도록 조건투쟁에 돌입하자. 경우에 따라서는 위자료를 청구할 수도 있을 것이다.

당신에게 잘못이 없다면 '개인 사정'이 아닌, '회사 사정'으로 인한 퇴직이라는 점을 분명히 해야 한다. 실업급여 개시 시기와 수급기간이 달라질 뿐 아니라 회사 측에 30일 전 해고예고 의무 또는 최대 30일분의 해고예고수당 지급 의무가 발생하기 때문이다. 그러므로 갑작스러운 해고에 망연자실하는 사이에 회사에 주도권을 빼앗기고 강요에 의해 사직서를 제출하는 일만큼은 반드시 피해야 한다.

일단 실업 기간을 버틸 수입을 확보하고 나면 심리적으로도 조금은 여유가 생길 것이다. 이참에 해고를 도약의 발판으로 삼아 새로운 기술을 배워보는 것은 어떨까? 기술을 익히는 것은 인생의 '위험 분산 방편' 중 하나다. 그럴 만한 경제적 여유가 없다면 공공직업훈련시설을 이용하는 방법도 있다. 무료 또는 적은 비용으로 재취업에 필요한 기술을 배울 수 있을 것이다.

더 중요한 것은 자신이 무엇을 하고 싶은지를 명확히 아는 것이다. 하고 싶은 일을 먼저 결정한 후에 다음 단계를 생각하길 바란다. 다양한 정보를 수집하다 보면 해고가 절체절명의 위기는 아니라는 사실을 깨닫게 될 것이다. 어떤 상황이 닥치든 그동안 수집해온 정보가 반드시 당신을 구해줄 것이다.

불안해할 필요는 없다. 당장은 힘들겠지만, '나의 능력을 알려고도 하지 않고 단칼에 잘라버리다니, 그런 회사 나도 안녕이다!'라고 긍정적으로 생각하며 묵묵히 자신의 일을 찾는 데 전념하길 바란다.

CHAPTER 04

있으면 좋고, 많으면 더 좋은 게 돈 아닌가요?

가난과 가까워지는 '돈 욕심' 버리기

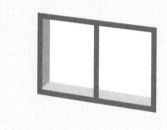

42

월급이 적은 탓에 생활이 힘들어요

부수입원을 만들어보세요

최근 회사에 다니면서 부수입을 창출하는 사람들이 많아졌다. 매달 정기적으로 벌어들이는 수입만으로 생활하기가 턱없이 부족하기 때문이다.

그렇다고 해도 퇴근 후에 편의점에서 일하거나, 꼭두새벽에 신문을 돌리는 일은 너무 고되지 않을까? 생활을 위해 억지로 직업을 늘렸다가 병에라도 걸리면 삶의 질은 지금보다 더 나빠질 수 있다. 그보다는 당신이 잘하는 일 또는 좋아하는 일을 하면서 돈을 '즐겁게' 벌 수 있다면 더 좋지 않을까?

손재주가 남다른 주부 Y 씨는 아는 엄마들의 부탁을 받고 유치원 가방을 만들어주곤 했다. 처음에는 재료비와 약간의 수고비만 받고 몇몇에게만 만들어줬는데, 기대 이상의 호평을 받으며 입소문이 퍼져 부탁하는 사람이 점점 늘어났다. 그래서 내친김에 인터넷에서 정식으로 돈을 받고 가방을 판매하기 시작했고, 소위 '대박'을 터뜨렸다.

예전부터 유치원에서 직접 만든 가방을 사용하도록 장려했지만, 요즘 가정에서는 재봉틀조차 가지고 있지 않은 경우가 대부분이다. 이런 수요를 겨냥한 Y 씨의 작은 사업이 큰 수입을 만들어낸 것이다. Y 씨에 따르면 일을 꾸준히 할 수 있는 비결은 단 하나, "주문이 아무리 많이 들어와도 감당할 수 있을 만큼만 받는 것"이라고 했다.

일요일마다 집 근처 카페에서 점술교실을 여는 주부 R 씨는 월수입이 상당하다고 한다. 특히 R 씨는 한 가지가 아닌 여러 다양한 종류의 점술을 할 줄 알아서 인기가 높다.

이밖에도 코칭이나 카운슬링처럼 전문직으로 인식되지만 국가자격이 필요 없는 직종은 적성, 영업력, 효과, 실적에 따라 많은 고객을 확보할 수 있다. 만약 주변에서 고민 상담 요청을 자주 받는다면 그것을 부업으로 삼아 수입을 늘려보면 어떨까?

43

좀처럼
돈을 모을 수가 없어요

 5,000원 전용 저금통을 만드세요

저금이 어려운 이유는 쓸 돈이 줄어들어 괴롭기 때문이다. 이를 행동경제학에서는 '손실회피'라고 한다. 인간은 그것이 일시적이라 하더라도 빼앗긴다는 사실에 고통을 느끼는 것이다.

저금을 하지 못하는 또 다른 이유는 '쓰고 남는 돈이 있으면 하겠다'라고 생각하기 때문이다. 이런 생각으로는 영영 돈을 모을 수 없다. 반면 다이와증권의 TV 광고 문구처럼

"월급의 80퍼센트로 생활한다"라는 기준을 정하면 얼마든지 돈을 모을 수 있다.

예컨대 매월 실수령액 200만 원가량을 받는 직장인이 급여의 20퍼센트인 40만 원을 1년 동안 열심히 모으면, 하루에 1만 3,150원씩 적립해 대략 500만 원을 만드는 셈이 된다. 1,000만 원은 어려워도 500만 원이라면 한번 해볼 만하지 않은가?

물론 급여의 20퍼센트를 한꺼번에 저금하는 것마저 어려운 사람을 위한 방법이 하나 있다. 이런저런 저금에 도전했지만 번번이 실패한 나도 성공한 방법이다. 바로 '5,000원 저금'이다.

방법은 간단하다. 5,000원이 생길 때마다 투명한 페트병에 넣는 것이다. 일과가 끝나면 지갑을 열어보고 5,000원이 있으면 무조건 투입해야 한다. 단, 자신을 속여서는 안 된다. 돈 관리가 허술한 나도 이 방법으로 불과 1년 만에 300만 원가량을 모을 수 있었다.

이와 함께 생활습관도 되돌아봐야 한다. 돈을 모으지 못하는 사람은 대개 불필요한 지출이 많다. 회원 등록 후 발길을 끊은 헬스클럽, 인터넷 유료 사이트의 월 회비, 매월 자동이체로 빠져나가는 잡지 구독료, 습관적으로 귀가할 때 사는 맥주와 안주, 친한 지인과의 정 때문에 가입한 생명보험료 등 이러한 지출들을 모조리 정리하면 매월 꽤 큰 금액을 모을 수 있을 것이다.

집안에 굴러다니는 쓸모없는 물건도 처분해보자. 중고장터에 내놓거나 재활용업자에게 팔면 크든 작든 돈을 모을 수 있다. 이런 푼돈들도 아끼고 잘 모으면서, 다시 한 번 저금에 대한 의지를 확고히 다지자.

44

저는 왜 부자가
되지 못할까요?

'가난을 부르는 말'을 멈추세요

부자와 그렇지 않은 사람의 차이를 알고 있는가? 돈이 많고 적은 것은 그저 결과에 불과하다. 부유한 사람과 가난한 사람은 평소 사용하는 말에 큰 차이가 있다. 부유한 사람은 '부를 부르는 말'을 하고, 가난한 사람은 '가난을 부르는 말'을 한다.

나는 직업상 해마다 수많은 사람을 만난다. 그러다 보니

내 마음 먼저 챙기고 싶을 때 읽는 책

몇 마디만 나눠도 상대가 앞으로 부자가 될지 안 될지 바로 알 수 있게 됐다. 우선 돈과 인연이 없는 사람은 다음과 같이 부정적인 말을 많이 한다.

"불가능해요."

"무리예요."

"어려워요."

'가난을 부르는 말' 중에서도 최악은 이것이다. 평소 무의식적으로 사용하며 마음을 궁핍하게 만드는 말, 그것은 바로 "그렇지만"이다. "그렇지만"의 다음에는 필연적으로 부정어가 따라온다. 할 수 없는 이유, 하지 못하는 이유를 대는 것이다. 이렇듯 부정적으로 말하는 사람에게 돈이 따를 리가 있을까?

그렇다면 부자가 되는 사람은 어떤 말을 할까? 돈이 따르는 사람은 날마다 돈을 부르는 말을 한다. 그것은 "반드시"다. "반드시"의 뒤에는 언제나 긍정적인 말이 따라온다.

"반드시 할 거야."

"반드시 할 수 있어."

"반드시 잘될 거야."

어떤가? 당신은 말끝마다 "그렇지만"이라고 하는 사람과 "반드시"라고 말하는 사람 중 누구와 친구가 되고 싶은가?

돈도 마찬가지다. "그렇지만"을 입에 달고 사는 사람에게는 다가오지 않는다. 부자가 되고 싶다면 바로 이 순간부터 "그렇지만"을 "반드시"로 바꿔 말해보자.

45

돈을 빌려달라는
부탁을 받았어요

지갑에 있는 돈을 전부 꺼내주세요

다른 사람에게 빌려준 돈의 90퍼센트는 되돌려 받을 수 없다. 돈을 빌려간 당사자에게 갚을 의지가 있었다 하더라도 이런저런 사정 때문에 갚지 못하는 경우가 대다수다. 이런 이유로 많은 사람들은 돈을 빌려주기를 꺼려한다. 그러나 상대가 친한 친구나 은인, 또는 고객일 경우에는 매몰차게 거절하기도 쉽지 않다.

이때 상대의 원망을 사지 않고 당신도 마음이 불편해지지 않는 방법이 있다. 그것은 '전재산'을 주는 것이다. 여기서 '전재산'은 지금 당장 지갑에 들어 있는 총금액을 말한다.

예를 들어, 앞으로 상당한 액수의 빚을 가진 친구와 만나면 그 친구에게 지갑을 열어 보이며 이렇게 이야기하는 것이다.

"지금 내가 가진 게 이것밖에 없어서 미안해. 하지만 조금이라도 보탬이 됐으면 좋겠어."

그리고 친구의 손에 돈을 쥐여 주며 마음에서 우러나온 걱정과 연민을 전한 뒤 깔끔하게 헤어지자.

만약 친구에게 1,000만 원의 빚이 있다 하더라도 당신이 그것을 모두 떠맡아야 할 의무는 없다. 당신처럼 기꺼이 돈을 건네줄 사람을 찾는 것은 오로지 친구의 몫이다.

반대로 당신이 어려운 상황에 놓여 친구에게 돈을 빌리고자 할 때는 굳은 각오가 필요하다.

먼저 당신은 정말로 그 돈을 갚을 수 있는지 잘 생각해보자. 조금이라도 기한을 미룬다면 그동안 쌓아온 우정은 순식간에 무너지고 말 것이기 때문이다. 서로 고민을 털어놓고 함께 울고 웃던 추억, 서로 다독이며 도와주던 나날뿐 아니라 평생 나쁜 평판이 꼬리표처럼 따라다닐 수도 있다. 친구에게 돈을 무리하게 빌리는 것은 지금까지의, 그리고 앞으로의 우정을 모두 잃는 일일 수 있음을 명심하자.

가진 건 이것뿐이지만
널 생각하는 내 마음도
함께 줄게!!

46

지인과 금전 문제로
갈등이 생겼어요

 악연을 끊는 대가라고 생각하세요

돈이 얽힌 문제를 '포기하는 것'으로 간단히 해결할 수 있다면 이보다 경제적인 방법도 없을 것이다. 실제로 조금 손해를 보더라도 그편이 낫다고 생각하고 잊어버리기로 마음먹은 이후부터 거짓말처럼 내 인생의 고민 절반이 말끔히 해소됐다.

돈이야 열심히 일하면 다시 벌 수 있지만, 악연은 단호하게 끊지 않으면 언제까지고 당신을 따라다닐 것이다. 문제를 일으키는 사람과 어울릴 바에는 다소의 손실을 각오하더라도 깔끔하게 헤어지는 편이 훨씬 낫다. 물론 잃게 될 돈이 전혀 아깝지 않다면 거짓말일 것이다. 나도 이를 악물고 아무렇지 않은 체하고는 있지만, 그 당시 상당한 타격을 입었었다.

돈 문제는 대개 자기 능력의 한계치에서 벌어진다. 초등학생이라면 1,500원짜리 음료수 값을 두고 싸움이 날 수 있다. 그러나 다 자란 성인이 이런 푼돈에 날을 세우는 일은 거의 없을 것이다. 포털사이트 라이브도어의 사장이었던 호리에 다카후미(堀江貴文)는 이른바 '우주 사기'로 약 560억 원을 편취당했다며 미국에서 소송을 제기했다. 아무리 부자라도 그런 거액을 빼앗기고 가만히 있을 수는 없었던 것이다.

현재 당신이 갈등을 빚고 있는 문제의 금액은 어느 정도인가? 어쩌면 당신은 그 문제를 통해 시험대에 오른 것인지도 모른다. 상처가 더 깊어지기 전에 '손해를 감수하고 털어버릴 수 있는' 사람이 되자. 그래야 훨씬 더 행복한 길을 걸을 수 있다.

물론 아까운 마음이 크겠지만 감당할 수 있는 최대한의 금액을 지급하는 대신, 당신은 인생의 말을 한 칸 앞으로 전진시킬 수 있을 것이다. 어쩌면 잃어버린 돈보다 더 값진 일이 생길지도 모른다.

47

빚이 있는데
어떻게 하면 좋을까요?

전문가와 상담하세요

실은 오래전 나도 같은 문제를 안고 있었다. 사업에 실패해 1,000만 원가량의 빚을 진 적이 있다. 이자가 눈덩이처럼 불어나 극도의 불안에 시달리며 잠 못 이루는 날이 이어졌었다.

독촉장을 뜯어보지 않는다고 해서 빚이 저절로 사라지는 것은 아니다. 한시라도 빨리 손을 써야 한다. 이런 문제는

내 마음 먼저 챙기고 싶을 때 읽는 책

변호사나 법무사 등 전문가와 상담하는 것이 최선이다.

다른 사람에게 빚 문제를 털어놓는 것은 수치스럽고 자존심이 허락하지 않는다고? 과도하게 불어난 빚을 재빨리 해결하고 싶다면 자존심 따위는 얼른 쓰레기통에 던져버리고, 지금 당장 전문가에게 모든 것을 맡기자. 인터넷에 검색해보면 무료 법무상담창구를 얼마든지 찾을 수 있다.

나는 공익사단법인을 통해 양심적인 법무사를 소개받아 매월 15만 원씩 갚아나가는 계획을 세웠다. 그 결과, 6년 만에 빚을 모두 갚았을 뿐만 아니라 과도하게 지급한 금액까지 돌려받을 수 있었다. 만약 그 당시 체면 차리기에 급급해 아무에게도 이야기하지 않았다고 생각하면……. 지금도 몸서리가 쳐진다.

빚이 무서운 것은 이자가 복리로 불어나기 때문이다. 개미지옥처럼 아무리 갚아도 빠져나오기가 쉽지 않아 시간이 흐를수록 몸과 마음이 피폐해진다. 일도 손에 잡히지 않을 정도로 힘들어지면 결국 선악을 구별하지 못하는 지경에 이르고 만다. 개중에는 돈을 갚기 위해 범죄에 발을 담그거나 자신의 몸을 함부로 다루는 사람도 있다. 그런 잘못된 선택으로 후회를 남기지 말고, 곧장 전문가의 문을 두드리기를 추천한다.

빚이 많다면 개인파산 또는 개인회생을 신청하는 것도 하나의 방법이 될 수 있다. 채무를 정리하면 금융기관이나 법원의 독촉이 중단되기 때문이다.

앞서 말했듯 친구에게 돈을 빌리는 것은 되도록 피하자. 친구 간의 신용과 우정을 잃기 싫다면 말이다. 물론 전문가를 만나러 가는 길에 동행을 부탁하는 정도는 괜찮다.

48

돈을 도난당했어요!

 돈보다 더 소중한 '당신'을 지키세요

나는 살면서 세 번 날치기를 당했다. 뒤에서 자전거가 엄청난 속도로 달려드는가 싶더니, 순식간에 손에 들고 있던 핸드백을 채갔다. 또 한 번은 편의점에서 돈을 인출할 때부터 따라와서는 사람이 많은 곳에서 일부러 나를 밀치고 가방을 훔쳐간 적도 있다.

도난당한 100만 원도 아까웠지만, 훤한 대낮에 한길에서 사람을 밀치고 태연하게 남의 가방을 들고 갔다는 사실에 더 큰 충격을 받았다. 또한 '나'라는 존재를 침해당하고 유린당했다는 생각에 분통이 터졌다. 범죄피해자의 심리치료가 필요한 이유가 바로 여기에 있다. 나는 상담사로서 이런 문제에는 더욱 진지하게 임하고 있다.

흉흉한 세상을 살다 보면 아무리 조심해도 범죄를 피하기 어려울 때가 많다. 그러나 도둑이 절대 훔칠 수 없는 것이 있다. 바로 당신의 '재능'이다. 재능은 휴대가 가능하다고 해서 '포터블 스킬(portable skill)'이라고도 표현한다. 즉, 당신의 재능은 이 세상 어디에서든 당신만이 발휘할 수 있다.

날치기는 당신에게서 100만 원을 훔칠 수는 있지만, 100만 원을 벌 수 있는 당신의 능력은 절대 훔칠 수 없다. 돈을 도난당한 것이 매우 분하겠지만, 그보다 더 소중한 당신이 아무 해를 입지 않은 것을 다행으로 여기자. 그리고 그깟 돈 몇 푼 적선한 셈 치고, 어떤 도둑도 절대 훔칠 수 없는 재능을 최상의 상태로 연마하도록 하자. 물론 그 도둑은 언젠가 반드시 자신의 업보를 치르게 될 것이다!

만화 《루팡 3세(ルパン三世)》에서 루팡 일행을 체포하려고 벼르고 있는 제니가타(銭形) 형사의 명대사가 떠오른다.

"놈은 엄청난 것을 훔쳐갔습니다. 그것은 당신의 마음입니다."

그렇다. 사실 가장 중요한 것은 당신 안에 있다.

49

돈이 없어도
행복할 수 있을까요?

'약간의 돈'은 필요합니다

미국 프린스턴대학교에서는 연간수입이 행복에 미치는 영향을 조사했다. 조사 결과에 따르면, 연간수입 1억 원과 10억 원은 거의 차이가 없는 것으로 나타났다. 그 유명한 찰리 채플린(Charles Chaplin)도 영화 〈라임라이트(Limelight)〉에서 이렇게 말했다.

"인생에서 필요한 것은 용기와 상상력, 그리고 약간의 돈이다."

역시 인생에서 '약간의 돈'은 필요하다. 경찰청 데이터에 따르면 자살 원인 1위는 '건강'이고, 그다음이 '빈곤(경제, 생계 문제)'이라고 한다. 이들에게 '약간의 돈'이 있었다면 그중 몇 명이라도 극단적인 선택을 피할 수 있었을 것이다. 그렇게 생각하면 가슴이 저려온다.

그렇다면 돈이 많으면 무조건 행복할까? 이 역시 그렇지 않은 것 같다.

나는 직업상 오히려 돈이 생기는 바람에 나락으로 떨어지는 사람을 많이 봤다. 이들 가운데 대다수는 평생 큰돈을 가져본 적이 없어서 넘치는 돈을 잘못된 방식으로 다루는 우를 저질렀다. 미국에는 고액 복권 당첨자의 90퍼센트가 불행을 겪었다는 데이터도 있다. 이렇게 생각하면 돈이란 없으면 아쉽지만, 때로 몰려들면 난감한 친구와도 같은 존재라고 볼 수 있다. 돈은 너무 많아도 불행을 부르는 것이다.

"돈이 없어도 행복하다!"

이렇게 자신 있게 말하는 사람은 아마도 사랑을 듬뿍 받으며 행복한 삶을 살아온 사람이다. 돈이 없어도 인생을 풍요롭게 만드는 방법을 아는 사람이기 때문이다.

"돈이 있어야 행복하다!"

반대로 이렇게 말하는 사람은 돈의 진정한 가치를 아는 사람이다. 자신의 능력과 재능을 이용해 돈을 벌고, 그 돈을 필요한 곳에 흔쾌히 씀으로써 자신과 주위 사람을 풍요롭게 할 줄 아는 사람이기 때문이다. 결국 행복과 불행은 돈이 아닌 '마음'의 문제라고 할 수 있다.

· CHAPTER 05 ·

건강 때문에 걱정이 이만저만이 아니에요

\

잠깐 쉬어가는 시간 가지기

50

살을 빼고 싶어요!

뇌에 "날씬해져라"라고 명령하세요

한때 미국에서는 '보기만 해도 살이 빠지는 신기한 사진'을 보내주는 서비스가 유행했었다. 뚱뚱한 사람의 사진을 날 씬하게 보정해주는 것이다. 한 장당 1만 3,000원으로 가격 도 꽤 합리적이었다. 단돈 1만 3,000원으로 다이어트에 성 공한다면 싸게 드는 셈 아닌가?

물론 날씬해진 자신의 몸을 보며 위안 삼을 수는 있어도 '진짜' 살을 빼기 위해서는 막연히 '날씬해지고 싶다'고만 생

내 마음 먼저 챙기고 싶을 때 읽는 책

각해서는 안 된다. 뇌가 몸에게 "날씬해져라!"라는 명령을 직접 내리지 않는 이상 다이어트는 늘 실패할 수밖에 없다. 그러려면 '살을 빼서 55 사이즈의 옷을 입을 것이다'는 식으로 구체적인 이미지를 머릿속으로 매일 그려야만 한다.

 헬스클럽에서 운동하기, 원푸드 다이어트, 저칼로리 다이어트, 아침 바나나 다이어트, 저녁 토마토 다이어트 등 당신은 그동안 온갖 다이어트를 시도하고 수없는 실패를 경험했을 것이다. 혹시 당신의 조급함이 연이은 실패의 원인은 아닐까? 한두 달 하다 효과가 없는 것 같으면 이내 실망하고 다른 방법을 찾아 나서지는 않았는가?

 만약 결과가 바로 나타나는 다이어트였다면 대개 몸에 부담이 될 뿐 아니라 꾸준히 지속하지 않으면 요요현상으로 오히려 살이 더 붙고 말았을 것이다. 이런 악순환을 끊기 위해서는 먼저 자신이 살이 찌는 이유를 알아야 한다.

- 운동 부족
- 스트레스로 인한 폭식

- 시도 때도 없이 먹는 달콤한 간식

- 잦은 야식 습관

다이어트를 하는 틈틈이 무리하지 않고 지속할 수 있는 자기만의 방법을 만들어보자. 가령 한 주나 한 달 동안 포기하지 않고 다이어트를 지속했다면, 일명 '포상 다이어트'로 자신을 칭찬하는 것이다. 만약 단 것을 좋아한다면 케이크 한 조각을 상으로 주는 것이다. 이런 다이어트라면 스트레스 받지 않고 누구나 다이어트에 성공할 수 있지 않을까? 날씬해진 '나'를 상상하며 즐기는 마음으로 꾸준히 하는 것이 다이어트의 성공 비결이라고 할 수 있다.

51

식욕이 없을 때는
어떻게 하나요?

냉장고부터 정리해보세요

식욕을 되찾는 방법은 '먹는 즐거움'을 떠올리는 것이다. 이를 위한 첫걸음으로 냉장고 정리를 추천한다.

'아깝다'는 생각은 일단 접어두고, 냉장고 안에 있는 언제 만들었는지도 모르는 반찬, 유통기한이 지난 식자재, 말라 비틀어진 채소와 과일 등은 모두 과감하게 버리자. 한 의사는 "냉장고 안의 내용물만 봐도 현재의 건강 상태뿐 아니라 앞으로 어떤 병에 걸릴지도 알 수 있다"고 말했다. 그 정도로 냉장고의 청결은 곧 당신의 건강과도 직결되는 중요한 문제다.

나도 모르게 방치한 음식들은 결국 곰팡이와 세균의 온상이 된다. 따라서 냉장고에는 항상 신선한 식재료만 넣어두는 것이 좋다. 10도가량의 낮은 온도에서도 식중독을 일으키는 세균은 여전히 활동하기 때문에 늘 주의해야 한다.

냉장고를 깔끔히 정리했다면, 다음은 누군가를 불러 요리를 해줄 차례다. 당신이 먹어본 것 중에 가장 맛있었던 음식을 만드는 것부터 차근차근 시작하자. 언제 그랬냐는 듯 식욕이 돌아와 이전처럼 즐거운 식사를 하게 될지도 모른다.

요리에 소질이 없다면 갖은 재료를 넣고 끓이기만 하면 되는 전골을 준비하거나, 각자 음식을 가지고 모여 파티를 하는 것도 좋다. 여럿이 식탁에 둘러앉아 두런두런 이야기를 나누다 보면 사라진 입맛도 되돌아올 것이다. 만약 당신이 사람이 많은 자리를 힘들어하는 타입이라면 무리해서 파티를 열 필요는 없다.

52

최근 피부 트러블이 심해졌어요

'3쾌'를 철저히 지키세요

피부가 받는 스트레스는 '외부요인에 의한 것'과 '내부요인에 의한 것'이 있다. 스트레스를 없애고자 할 때는 '무언가를 더하는 것'보다 '아무것도 하지 않는 것'이 더 효과적일 수 있다.

피부에 스트레스를 주는 외부요인으로는 자외선, 마찰, 건조 등이 있다. 이런 여러 외부요인들로 피부 상태가 나빠

내 마음 먼저 챙기고 싶을 때 읽는 책

지게 되면 피부에 무언가를 하고 싶어지겠지만, 이럴 때일수록 보호에 집중해야 한다.

그렇다고 무작정 화장품 가게로 달려가 점원의 말만 듣고 민감성 피부용 크림과 화장수를 사는 것은 좋은 방법이 아니다. 피부가 뒤집혔을 때 화장품을 바꾸거나 새로운 화장품을 추가했다가 오히려 더 나빠지는 경우도 적지 않다. 현재 사용 중인 화장품 가운데 보습력이 높은 것부터 다시 살펴보자.

또 하나의 중요한 포인트는 내부요인에 의한 스트레스를 해소하는 것이다.

먼저 해결해야 할 것은 '3쾌', 즉 '쾌식', '쾌변', '쾌면'이다. 이 '3쾌'는 우리 건강뿐 아니라 피부에도 지대한 영향을 끼친다. 양질의 수면을 취하고, 균형 잡힌 식생활을 하고, 날마다 상쾌하게 볼일을 해결하면 피부는 반드시 빠르게 회복될 것이다.

특히 다이어트는 피부의 천적이다. 균형 있는 식사가 무엇보다 중요하다. 피부 개선에 도움이 되는 영양소로는 비타민 A, 비타민 B, 비타민 C, 비타민 E 등을 꼽을 수 있다. 피부의 재생력, 저항력, 미백효과, 보습효과는 모두 비타민의 역할이다. 동물의 간, 참치, 닭 날개, 소 등심 같은 음식은 콜라겐 생성에 도움이 되고, 단호박, 시금치, 당근, 바나나는 황산화 작용을 하기 때문에 이러한 음식들은 꼭 섭취하도록 하자.

간과하지 말아야 할 것은 인간관계 또는 일상생활에서 받는 스트레스다. 피부 트러블은 "마음속에 위험한 영역이 존재한다"는 경고인지도 모른다. 뜻대로 되지 않는 현실 속에서 스트레스에 노출되는 시간을 최대한 줄이기 위해서라도, 평소 '3쾌'를 유지하도록 노력하자.

내 마음 먼저 챙기고 싶을 때 읽는 책

53

사람들 앞에서
이야기하는 게 무서워요

 자신만의 루틴을 만드세요

연습 때는 훨훨 날아다니면서 유독 실전에 약한 사람이 있다. 나도 대중 앞에 설 때면 호흡이 가빠지고, 표정이 굳어지고, 얼굴이 달아오르고, 가슴이 쿵쾅대고, 손은 땀으로 흥건해진다. 이토록 긴장하는 이유는 '잘해야 한다'라는 강박 때문이다. 이럴 때는 어깨의 힘을 빼는 것이 좋다.

어느 방송작가가 내게 떨지 않고 이야기하는 법을 가르쳐 줬다.

"이야기를 시작하기 전에 윗입술과 아랫입술을 세 번씩 핥아보세요."

신기하게도 이 간단한 방법으로 입 마름이 사라지고 이야기를 술술 풀어놓을 수 있었다.

또, 어느 종교인은 사람들 앞에서 긴장하지 않는 비결을 이렇게 설명했다.

"강연장의 네 귀퉁이를 바라보세요. 바닥의 네 귀퉁이를 보고, 천장의 네 귀퉁이를 보는 거예요."

이 말을 듣고 내가 진행하던 강연회에서 실제로 따라 해봤다. 그 결과 매우 놀라운 심리적 효과가 있었다. 공간의 크기를 확인하는 것만으로도 마음이 차분해져 편안하게 이야기할 수 있었다.

많은 사람들 앞에서 떨지 않고 평상심을 유지하고 싶다면, 만화 〈피너츠(peanut)〉의 등장인물 중 하나인 라이너스가 애지중지하며 들고 다니는 담요처럼 마음을 편안하게 만들어주는 물건을 손에 꼭 쥐거나, 안정감을 느낄 수 있도록 특정 행동을 취하는 등 자신만의 방법을 찾아보는 것도 좋다. 인간은 어떤 행동을 할 때 무의식적으로 정해진 동작을 취한다. 이런 동작들을 순서대로 반복하다 보면 자기만의 루틴(생활양식)이 만들어진다. 이 루틴이 생기면 필요할 때 언제든 평상심을 소환할 수 있다. 루틴을 통해 작은 성공 경험이 쌓여 뇌 속에 '이렇게 하면 반드시 성공한다'라는 회로가 연결되면, 두근거림이 진정되고 긴장감에서 해방될 것이다.

54

툭하면 넘어져요

자주 걸으며 근육량을 늘리세요

나도 보통 사람보다 열 배는 더 잘 넘어지는 것 같다. 걸음걸이가 시원찮은 데다 운동신경까지 부족해, 넘어지는 순간에 손을 짚어 몸을 보호하는 순발력도 발휘하지 못한다. 언제나 얼굴부터 바닥에 처박히는 바람에 코가 깨지고 이마가 까지곤 한다.

이런 허약한 체질에도 나름의 장점이 있다면, 사람들에게 웃을 일을 만들어준다는 정도일 것이다. 물론 애초에 넘어

내 마음 먼저 챙기고 싶을 때 읽는 책

지지 않는 것이 가장 좋겠지만 말이다.

사람마다 넘어지는 이유가 각기 다르겠지만, 크게 물리적, 심리적, 신체적 이유로 나눠 생각해볼 수 있다. 나는 원인별로 대책을 세워 곧바로 실천에 옮겼다.

- **물리적 대책**

  평소에는 운동화를 신고, 내담자를 만나기 직전에 구두로 갈아신는다.

- **심리적 대책**

  조급해하거나 서두르지 않도록 약속 시간보다 30분 일찍 출발한다.

- **신체적 대책**

  넘어지지 않고 똑바로 걷는 습관을 들인다.

작은 습관이지만 일상생활에 적용하니 전보다 넘어지는

빈도가 확실히 줄어들었다. 더구나 하나같이 건강에도 좋은 습관이니 일거양득인 셈이다.

혹시 갑자기 넘어지는 일이 잦아졌다면, 신경계 또는 근골격계 질환이나 영양실조일 수 있으니 병원에서 진찰을 받아보길 바란다. 특히 나이가 젊은데도 잘 넘어지는 사람은 다리 근육이 부족할 가능성이 있다. 이 경우 나이가 들수록 더 잘 넘어지게 되고, 골절상을 입어 걷지 못하게 될 위험이 있다. 그러므로 미래의 자신을 위해 최대한 근육을 늘리고 골밀도를 높여두자. 이를 위해서는 칼슘을 꾸준히 섭취하고 열심히 걸어야 한다. 튼튼한 뼈와 근육이 당신을 넘어지지 않도록 보호해줄 것이다.

내 마음 먼저 챙기고 싶을 때 읽는 책

55

게임 중독에서
벗어나고 싶어요

 게임기를 부숴서 버리세요

온라인 게임에 중독된 '게임 폐인'이 사회현상으로 부상했다. 개중에는 몇 주 동안이나 끼니와 잠을 거른 채 게임을 계속하다 사망에 이른 경우도 있다.

나 역시도 얼마 전까지 '파이널 판타지'와 '드래곤 퀘스트'에 빠져, 마법의 돌, 비밀의 약, 모래시계, 성수, 세계수의 잎을 찾아 지하 미로, 바닷속 유적, 사막, 사원, 하늘 궁전을 헤매고 다녔다.

게임에 중독되면 공부, 일, 가사를 등한시하게 되고 집중력도 떨어진다. 급기야 다른 사람과의 소통도 단절된다. 최악의 경우, 현실과 가상세계를 구별하지 못하고 '사회부적응자'가 되기도 한다. 또한 게임 세계에서 보내는 시간이 길어질수록 현실에서 도피해 가상의 세계로 숨어버리게 되고, 선악을 판단하는 능력마저 잃어버릴 수 있다.

그런 사람에게 갑자기 게임기를 빼앗으면 무슨 일이 벌어질까? 감정을 제어하지 못해 쉽게 짜증을 내거나 화를 내고, 고함을 지르고, 갑자기 불안을 느끼며 우울해하는 등 여러 금단 현상이 나타나게 될 것이다.

사실 이쯤 되면 마음의 병으로 받아들여야 한다. 게임 중독을 절대로 우습게 봐서는 안 된다. 상대하기 까다로운 강적이므로 자신의 의지만으로는 고치기 어렵다. 이때는 정신과 또는 심리상담소를 찾는 것도 하나의 해결방법이다.

한때 게임에 빠져 지내던 시절에 내가 택한 방법은 '게임기를 벽장 깊은 곳에 파묻어버리는 것'이었다. 일하는 시간

내 마음 먼저 챙기고 싶을 때 읽는 책

조차 게임에 마음을 지배당하는 느낌이 들었고, 그제야 게임 중독의 심각성을 깨달았기 때문이다. 이처럼 게임 중독의 자각증세가 나타나면 그 즉시 단호하게 '게임 중단'을 결심해야 한다. 실제로 지인 중에 아예 게임기 자체를 부숴서 내다버린 사람도 있었다. 게임을 그만두고 싶다면 적어도 이 정도의 각오는 있어야 한다.

56

술 때문에
민폐를 끼치게 돼요

 '술은 마약이다'라고 생각하세요

생텍쥐페리의 작품 《어린 왕자》에는 '주정뱅이'가 등장한다. 어린 왕자가 "왜 술을 마셔요?"라고 묻자, 그는 "부끄러움을 잊으려고"라고 대답한다.

"뭐가 부끄러운데요?"

"이렇게 술을 마시고 취하는 게 부끄러워."

이 주정뱅이를 단순히 '호쾌한 아저씨로 볼 것인가', 아니면 '자신의 몸을 망가뜨릴 정도로 술을 제어하지 못하고, 주변에도 폐를 끼치는 문제적 인물로 볼 것인가'에 대해서는 여전히 다양한 시각이 존재한다.

나는 후자가 아닐까 생각한다. 아마도 술을 마시면 폭력적으로 변해 가족에게 큰 상처를 주면서도 술을 끊지 못하고, 그런 자신이 부끄러워 다시 술을 입에 대고 마는 사람일 것이다.

만화가 사이바라 리에코(西原理恵子)의 남편이었던 가모시다 유타카(鴨志田穣)는 과음으로 인해 신장암에 걸려 42세의 젊은 나이에 세상을 등졌다. 그는 술을 마시지 않는 날에는 다정한 남편이었다고 한다. 그러나 술만 들어가면 물건을 부수고 손찌검을 했다. 사이바라는 이를 두고, "어느 날 그이에게만 술이 마약으로 변해버린 병"이라고 표현했다.

나도 결혼 생활을 하는 동안 술독에 빠져 지냈다. 날마다 정신을 잃을 때까지 술을 들이붓곤 했다. 그때 나를 걱정한 친구 하나가 내 곁을 지켜준 덕분에 서서히 술을 줄여나갈 수 있었다. 만약 당신의 음주습관 뒤에 현실에서 도피하고 싶은 마음이 있다면 그 문제를 직시할 필요가 있다.

WHO(세계보건기구)의 보고서에 따르면, "알코올은 60가지 이상의 질병을 일으킨다"고 한다. 만약 당신이 술만 마시면 폭력적으로 변하거나 자포자기의 심정에 빠진다면, 그것은 당신의 건강이 위험하다는 신호다. 지금 바로 병원에 가서 간 기능 검사를 받기 바란다. 수치가 높으면 지방간, 급성간염, 만성간염, 간경화로 발전해 급기야 생명이 위태로워질 수 있다.

57

담배를 끊기가 어려워요

금연할 이유를 마음속에 새기세요

내 주변의 심각한 골초 몇몇은 다음과 같은 현실적인 이유로 담배를 끊었다. 당신도 어서 '금연할 이유'를 찾아보길 바란다.

- 담배를 끊으면 피부가 좋아진다는 말을 듣고 나서
- 담뱃값이 큰 폭으로 인상된다는 기사를 읽고 나서
- 담뱃값을 모으면 꽤 큰 금액이 된다는 사실을 알고 나서

혹시 아직도 금연을 해야 할지 말아야 할지 망설이고 있는가? 담배가 인체에 얼마나 해로운지를 알아보면 결심이 설 것이다.

- 폐암에 걸릴 위험이 커진다.
- 잇몸병에 걸리기 쉽고 구취도 심해진다.
- 천식에 걸릴 위험이 있다.
- 담배 연기에는 강력한 유해물질이 포함돼 있으며, 같은 공간에 있는 사람에게 악취를 풍긴다.
- 피부가 나빠진다.
- 뇌세포가 파괴된다.

담배의 악영향은 이밖에도 무궁무진하다. 자, 이제는 당신이 담배를 끊어야 할 이유를 찾았는가? 혹시 이 중에 있다면, 금연을 포기하고 싶을 때마다 이 페이지를 펼쳐보며 다시 한 번 마음속에 새기길 바란다.

담배를 끊지 못하는 것은 당신 탓이 아니라 니코틴 탓이기 때문에, 절대로 자신을 의지박약이라며 자책하지는 말자. 담배를 끊지 못하는 것은 '니코틴 의존증'이라는 어엿한 이름이 있는, 치료가 필요한 질병이다. 그러니 전문 병원에서 꼭 치료받길 바란다.

하지만 니코틴은 만만치 않은 상대이므로, 꽤나 힘겨운 싸움이 될 것이다. 그럼에도 금연을 결심했다면 당신의 의지에 감탄할 수밖에 없다. 부디 건투를 빈다.

58

병세가 나빠져
불안할 때는 어떻게 하나요?

 증상을 기록하고 널리 알리세요

나는 한때 심인성 스트레스로 인해 다리가 마비돼 지팡이 없이는 걷지도 못했었다. 그때 반드시 병을 고치겠다고 다짐하며, '병이 나으면 하고 싶은 일 100가지'를 종이에 적었다. 그것을 날마다 들여다보며 열심히 걷는 연습을 한 덕분에 차츰 회복돼 지금은 무리 없이 잘 걷고 있다.

당신은 어떤 병을 앓고 있는가? 병의 경중에 따라 다르겠지만, 만약 가능하다면 직접 블로그를 운영하는 것도 좋은 방법이다. 악화하는 병에 불안해하지만 말고 그 증상을 기록으로 남겨보는 것이다. 치료에도 분명 도움이 될 것이다. 어려움이 크고 병이 고통스러울수록 그 핸디캡을 에너지로 바꿔 세상에 알리고, 돌아오는 반응을 통해 다시 병과 맞서 싸울 에너지를 얻는 선순환을 만들어보자.

물론 모두가 파워블로거가 될 필요는 없다. 생각이 통하는 동료를 찾아 서로 격려하는 장을 만드는 것만으로도 충분하다. 누군가의 사소한 한마디에 용기를 얻어 '내일 또 올려볼까?'라는 생각으로 글을 하나둘 올리기 시작하면, 바로 그런 작은 실천들이 모여 마음이 병을 이겨낼 큰 힘이 될 것이다.

고통스러운 병마와 싸우는 과정을 기록한 블로그는 같은 질환을 앓는 환자뿐 아니라 병과 상관없는 사람들에게도 큰 관심을 받곤 한다. 개중에는 투병기가 책으로 출판되는 경우도 있다.

병에 걸렸다고 해서 자신을 고립시키지 말고 같은 병과

싸우는 사람들의 모임이나 인터넷 카페 등에도 적극적으로 참여해보자! 난치병 환자인 경우에는 심리적 불안을 해소하기 위해 다양한 지원기관이 운영되고 있으니, 지역의 난치병 상담 지원 센터나 난치병 대책 네트워크를 통해 정보를 얻길 바란다.

59

노후가 걱정돼요

건강, 돈, 친구를 소중히 여기세요

현재 홀로 사는 노인 3명 중 1명이 노후파산 상태다. 연금도 의료비도 앞으로 어떻게 될지 모르니 불안은 점점 커져만 간다. 어쩌면 우리의 미래도 이와 별반 다르지 않을 수 있다. 이런 잿빛 미래에 우리는 어떻게 대처해야 할까?

막연한 불안은 불확실한 요소가 너무 많다는 데 기인한다. 그것들이 노후에 한꺼번에 밀어닥칠지 모른다는 공포가 도사리고 있는 것이다. 불안을 해소하기 위해 걱정거리

내 마음 먼저 챙기고 싶을 때 읽는 책

를 하나씩 구체적으로 적어보고, 대처법을 생각해보자.

❶ 병에 걸려 거동이 불편해질까 봐 두렵다.

노후를 건강히 보낼 수 있을 것인가? 이 문제만큼은 결코 낙관할 수 없다. 짧지 않은 인생, 아무리 조심해도 병에 걸리거나 사고를 겪을 수 있다.

우선 '생활습관병'의 위험을 최대한 줄여야 한다. 생활습관병은 단어 그대로 나쁜 생활습관으로 인해 생길 수 있는 질병을 말한다. 이를 예방하기 위해서는 균형 잡힌 식사, 양질의 수면, 적당한 운동, 스트레스 경감, 금연과 같은 노력이 필요하다. 무엇보다 이를 지속적으로 실천하는 것이 중요하다.

❷ 노후에 경제적으로 어려워질까 봐 두렵다.

앞으로 살면서 들어올 돈과 나갈 돈, 그리고 모을 수 있는 돈을 계산해보자. 지금 하는 일을 정년까지 계속한다는 전제하에 매월 급여의 20퍼센트를 저금한다고 계산하면, 60세까지 어느 정도의 돈을 모을 수 있을지 알 수 있다.

❸ 이대로 평생 혼자 살게 될까 봐 두렵다.

가까운 사람, 소원한 사람, 좋아하는 사람, 어려울 때 한걸음에 달려와 줄 사람, 내 도움이 필요한 사람 등을 떠올리며, 당신의 인간관계 지도를 그려보자.

당신은 결코 혼자가 아니며, 앞으로도 많은 사람과 더불어 살아가게 될 것이다. 이 지도에는 앞으로 누군가가 지워질 수도, 새로운 '파트너'가 추가될 수도 있다는 사실을 꼭 기억하자.

이처럼 현재 무엇을 가장 걱정하고 있는지, 그것을 어떻게 대비하면 좋을지를 구체적으로 정리하면 불안은 상당 부분 해소될 것이다.

CHAPTER 06

남들은 잘만 하는
연애가 너무 어려워요

밀당의 고수가 되는 비법 개발하기

60

'모태솔로'에서 벗어나고 싶어요!

최악의 조건 5가지를 정해보세요

'모태솔로'에서 벗어나고 싶다고 해서 "아무하고 연애하겠다!"는 각오로 주변인들을 물색하지는 않을 것이다. 나름의 조건을 세우고 그에 맞는 상대를 찾는 것이 보통이다.

나는 '반드시 피하고 싶은 사람'의 조건을 5가지로 압축해 적어두고, 거기에 해당하지 않는 사람과 교제했다. 내 경우에는 교제의 시작은 당연히 함께 술을 마시는 것부터이기 때문에, 술을 마시지 못하는 사람과는 일절 만나지 않았다.

반드시 피하고 싶은 사람 (★은 중요도를 의미한다)

- 폭력적인 사람 ★★★★☆
- 도박을 즐기는 사람 ★★★☆☆
- 씀씀이가 헤픈 사람 ★★★☆☆
- 담배를 피우는 사람 ★★☆☆☆
- 술을 못 마시는 사람 ★★★★★

당신이 '반드시 피하고 싶은 사람'은 어떤 사람인가? '바람기가 있는 사람', '빚이 있는 사람', '청결하지 못한 사람', '범죄를 저지른 사람' 등 여러 조건이 떠오르겠지만, 그중 5가지만 간추려보자. 조건이 너무 많으면 당신과 맞는 사람은 지구상에 한 명도 남지 않을 테니 말이다.

만약 당신이 진심으로 연애하기를 원한다면, 부끄러워 말고 주변 사람들에게 자신의 이상형을 구체적으로 밝히자. 그리고 "연애하고 싶어. 진심이야. 소개시켜줘!"라고 분명하게 이야기하자.

보다 적극적인 자세를 취하고 싶다면, 단체 미팅과 같은 만남의 기회를 가능한 한 많이 찾아낸 후 성공할 가능성이 큰 순으로 목록을 작성해보자. 이때 중요한 것은 '그냥 찔러보는 사람'과 '진심으로 다가오는 사람'을 구별하는 것이다. 수시로 메시지를 보내는 사람은 전자에, 시간을 들여 천천히 다가오는 사람은 후자에 해당할 확률이 높다.

내 마음 먼저 챙기고 싶을 때 읽는 책

61

이상형을 발견하는 비결은 무엇인가요?

 '좋은 사람'보다 '맞는 사람'을 찾으세요

지인 중에 미조바타 유지(溝端勇二)라는 독특한 인물이 있다. 그는 한때 나가노 현 전체 학부모 교사 연합회의 회장이었고, 지금은 '마치콘(街コン)'을 주최하고 있다. 마치콘은 나가노 현의 결혼적령기 남성과 짝을 구하기 위해 도시에서 찾아온 여성을 이어주는 단체 미팅을 말한다. 지역의 레스토랑이나 카페를 개방해, 무려 100명의 남녀가 숙식을 함께하며 자신의 반쪽을 찾는다고 한다.

미조바타는 만남을 위해 찾아온 젊은이들에게 가장 먼저 이렇게 말한다고 한다.

"오늘 좋은 사람을 찾기 위해 여기 온 사람은 손을 들어보세요."

말이 끝나기 무섭게 일제히 손을 든 100명의 청년들에게 미조바타는 웃으며 이렇게 이야기한다고 한다.

"세상에 내 입맛에 딱 맞는 사람은 절대 없어요. 좋은 사람이 아닌 '나와 맞는 사람'을 찾아보세요."

여기서 '좋은 사람'은 '이상적인 사람'을 뜻한다. 가령 남성이 생각하는 이상적인 여성은 '예쁘고, 착하고, 성격도 좋고, 요리도 잘하는 여성'이라고 할 수 있을 것이다. 그러나 그런 여성은 이 세상에 존재하지 않는다. 설사 그런 축복받은 여성이 있다 하더라도 평범하기 그지없는 남성을 좋아하게 될 가능성은 제로에 가깝다. 그러므로 '좋은 사람'만 찾아다닌다면 행복한 결혼은 절대로 불가능하다.

그렇다면 '나와 맞는 사람'은 어떨까? '마음이 맞는 사람'이나 '취미가 맞는 사람'은 쉽게 찾을 수 있지 않을까? 예컨대 영화를 좋아한다면 함께 영화를 보러 갈 수 있다. 야구나 축구를 좋아한다면 함께 스포츠 경기를 보러 갈 수 있다. 책 읽기를 좋아한다면, 맛집 투어를 좋아한다면, 미술 감상을 좋아한다면…… 어떤가? 상대가 점점 친근하게 느껴지지 않는가? 만약 두 사람 모두 '여행'을 좋아한다면 그야말로 최고의 커플이 탄생할 것이다.

이제부터는 생각을 바꿔보자. 현실 세계에 존재하지 않는 상대를 찾느라 괜한 힘 빼지 말고, 서로의 시간을 공유하고 즐겁게 지낼 수 있는 사람을 찾아보길 바란다.

62

좋아하는 사람에게 고백하려고 해요

비 오는 날은 무조건 피하세요!

오! 드디어 좋아하는 사람과 연인이 되기 위한 첫걸음을 내딛기로 결심한 당신, 진심으로 멋지다!

그동안 마음고생이 컸을 것이다. 상대의 기분을 살피고, 무슨 말을 할지 고민하고, 눈이 마주치면 기뻐하고, 몰래 기다리다 쓸쓸히 발길을 돌리고, 괴로움으로 잠 못 이루는 나날을 보냈을 것이다. 이제 혼자만의 가슴앓이를 끝내고 사랑을 시작하기로 한 당신을 진심으로 응원한다.

내 마음 먼저 챙기고 싶을 때 읽는 책

그렇다면 언제, 어디서 고백해야 할까?

고백의 타이밍은 사랑을 성취하는 데 있어 중요한 포인트다. 가을 특유의 기울어진 세피아톤 태양은 여성을 더욱 아름답게 보이게 한다고 한다. 시간적으로는 해가 기울기 시작해 땅거미가 드리워질 때까지가 여기에 해당한다. 느긋하고 편안한 기분을 유지하도록 돕는 부교감신경이 우세한 이 시간대에는 상대에게도 당신의 마음을 받아줄 여유가 좀 더 생길 것이다.

특히 즐거운 데이트를 하고 헤어질 때, 또는 이벤트를 마치고 집으로 돌아가는 길 등 정서적·물리적 환경을 고려해 자신이 가장 아름답게 보일 만한 순간에 고백하길 바란다.

당연한 이야기지만, 상대가 극도로 바쁘거나 심경이 복잡해 정신적으로 여유가 없을 때는 실패 확률이 높으므로 피하는 것이 좋다. 상대의 형편을 배려하지 않는 고백은 실패할 수밖에 없다.

최악의 방법은 술기운을 빌리거나 육탄공세를 가하는 것이다. 이런 방법을 피해야 하는 이유는 굳이 설명하지 않아도 알 것이다.

또 비가 내리는 날에는 고백 성공률이 크게 낮아진다는 점도 기억해두자. 저기압은 인간의 몸과 마음에 상상 이상으로 지대한 영향을 미친다. 우중충한 날에 중요한 결단을 요구받으면 거부감이 들 수 있다. 비 오는 날에 고양이가 평소보다 훨씬 무기력한 것처럼 사람도 그렇다.

좋았어.
이 비가 그치면
고백하는 거야!

63

상대의 마음을 사로잡고 싶어요

다른 세계를 보여주세요

상대와 가장 쉽게 친해지는 방법은 '공통점'을 찾는 것이다. 같은 고향, 같은 학교, 좋아하는 음식, 응원하는 팀, 즐겨 듣는 음악, 취미, 스마트폰 벨소리 등 찾으면 얼마든지 발견할 수 있다.

사소한 것이라도 무엇이든 좋으니 하나라도 발견하겠다는 마음으로 이야기를 펼쳐나가보자. 아마 당신도 한 번쯤 시도한 적이 있었을지도 모른다.

내 마음 먼저 챙기고 싶을 때 읽는 책

"하지만 거기에서 좀처럼 진도가 나가질 않아요."

지당한 말이다. 확실히 휴대폰 벨소리가 같다고 해서 1시간 동안 이야기를 지속할 수는 없다. 공통점은 어디까지나 슬쩍 분위기를 띄우는 용도로 흘린 다음에, '상대가 모르는 세계를 보여주겠다'는 작전을 사용해보길 바란다.

이것은 내 경험담이다. '오키나와를 좋아한다'는 공통의 취향으로 만나게 된 이성이 있었다. 처음에는 여행 동료로서 가볍게 대화하는 관계였다.

그날은 그가 오키나와에서 돌아온 날이었다. 그는 내가 평소 좋아하는 족발 조림을 선물로 사왔다며 데이트를 신청했고, 나는 기뻐하며 데이트에 응했다. 데이트 장소는 신주쿠의 한 오키나와 요리점이었다. 한바탕 오키나와 이야기가 이어지다가 "그럼 이제 다른 곳으로 갈까요?"라는 그의 말에 함께 자리를 옮겼다.

그가 데려간 곳은 의외의 장소였다. 바로 SM의 여왕이 경영하는 '간호사 바'였다. 간호사 의상을 입은 웨이트리스가

오가는 실내 공간에서 그는 자연스럽게 비커에 들어간 칵테일을 체온계 막대로 휘휘 저으며 마셨다. 그 순간 '뭐야, 이 사람은?' 하는 생각이 머릿속을 두둥실 떠다녔다. 그리고 얼떨결에 다음 데이트 약속까지 해버리고 말았다.

공통점과 의외성을 동시에 사용하는 것, 이것이야말로 바로 사람의 마음을 흔드는 고급 기술이라 할 수 있다. 앞서 말한 경험담처럼, 우선 처음에는 서로의 공통점을 가지고 대화를 너끈하게 이어가보자. 상대에게 호감을 얻은 뒤에는 호기심을 불러일으킬 만한, 여태껏 보여주지 않은 '정반대의 모습'을 드러내보자. 그러면 결국 상대는 이전과 상반된 매력에 매료될 것이다.

64

헤어진 남자친구를
못 잊겠어요

 헤어진 이유를 되짚어보세요

당신이 헤어진 남자친구를 그토록 잊지 못하는 이유는 무엇

인가? 이에 대한 답변은 다음과 같다.

❶ 근사하고 매력적인 사람이었다.

• 답변: 콩깍지를 벗어라! '추억 보정'이라는 용어가 있다. 과거

의 기억을 필요 이상으로 미화시키는 것을 말한다. 그러나 결

국 이별을 택했다는 것은 실은 그가 그렇게까지 매력적이지는

않았다는 뜻일 것이다.

❷ 마음의 준비도 없이 일방적으로 차였다.

- 답변: 당신은 그를 잊지 못하는 것이 아니라 '이별을 받아들이지 못하는 것'인지도 모른다. 이 경우는 더 이상 사랑이 아닌 '집착'이다. "시간이 약"이라는 말을 믿고 자신을 다독여주자. 시간이 마음의 상처를 치유해줄 것이다.

❸ 내 입장만 생각하고 이별을 고한 것이 후회된다.

- 답변: 미숙했던 자신을 반성하면 그만이다. 순수한 마음으로 누군가를 사랑할 수 있는 사람이 되어가는 과정으로 받아들이고, 그에게 진심으로 감사하자.

❹ 지금 남자친구보다 전 남자친구가 낫다.

- 답변: 마음 정리가 끝나지 않은 상태에서 새로운 사람을 만날 경우, 전 남자친구가 아직까지는 마음속 1순위일 순 있지만, 그것은 어디까지나 '잠정 1위'일 뿐이다. 아직 좋은 사람을 만나지 못한 것일 뿐이니 마음에 집착하지 말자.

❺ 육체적 궁합이 잘 맞았다.

· 답변: 육체적 관계가 앞으로도 계속 당신을 행복하게 할 수 있을지 생각해보자.

❻ **외부 요인 때문에 헤어졌다**(주위의 반대, 너무 바쁜 생활, 장거리 연애 등).

· 답변: 안타깝게도 두 사람 앞에 놓인 장애물을 넘지 못한 듯하다. 지금이라면 극복할 수 있을 것 같은가? (YES → 과거는 모두 잊고 미래를 향해 전진하라!, NO → 3번 답변을 참고하라!)

모래시계의 모래가 거꾸로 흐르지 않는 것처럼 과거를 바꾸는 것은 불가능하다. 우리는 미래를 향해 나아갈 수밖에 없다. 다만 그동안의 연애 경험은 당신을 더욱 단단하게 만들어줄 것이다. 분명 이전보다 훨씬 더 멋진 연애를 할 수 있을 것이다.

65

애인이 문자를 자주 씹어요

한 템포 쉬면서 초조함을 달래보세요

혹시 메시지 답장에 집착하며 예민하게 굴고 있지는 않은가? 그렇다면 아마 좋아하는 사람으로부터 답을 기다리는 동안 온갖 잡생각이 들 것이다.

'내가 싫어졌나? 메시지를 또 보내면 귀찮아할까? 아니면 내가 말실수라도 한 걸까?'

내 마음 먼저 챙기고 싶을 때 읽는 책

최근에는 채팅 애플리케이션으로 연락을 주고받으며 메시지를 확인하고도 답을 하지 않는, 속칭 '읽씹' 때문에 마음 상할 일이 더 늘었다. 자신이 보낸 메시지가 무시당하면 괴롭고 슬퍼질 것이다.

이때, 잠시 스마트폰 화면에서 얼굴을 떼고 마음을 가라앉혀보자. 그리고 상대의 기분을 상상해보자. 답을 하지 않는 데는 그만한 이유가 있을 것이다.

- 일이 바빠 수시로 연락을 주고받을 시간이 없다.
- 의미 없는 메시지를 주고받는 데 익숙하지 않다.
- 디지털 도구를 좋아하지 않는다.
- 태생적으로 느긋한 성격이다.
- 단지 메시지 보내는 것이 귀찮을 뿐이다.
- 배터리가 없거나 휴대폰을 분실했다.

당신만 혼자 애태우는 것은 건강에도 좋지 않다. 이럴 때는 주도권을 가져와야 한다.

전화를 아무리 걸어도 받지 않는다면 음성 메시지를 남겨 보는 것도 좋은 방법이다. "요즘 메시지를 보내도 답이 없네. 이렇게 자주 외롭게 하면 바람피울 거야!"라고 호쾌하게 말이다.

66

애인과 틈만 나면 다퉈요

 '어른스러운 싸움'을 하세요

사실 연인 간의 싸움은 자주 할수록 좋다. 그것이 미연에 가스를 제거해 폭발을 방지하는 역할을 하기 때문이다. 그러므로 싸운다는 것은 사이가 좋다는 증거라고 할 수 있다. 애정이 있으니 서로 무슨 말이든 할 수 있는 것이다.

단, '어른스러운 싸움'을 해야 한다. '어른스러운 싸움'은 하루를 넘기지 않고 화해할 수 있는 다툼을 말한다. 이참에 화해를 위한 둘만의 규칙을 정해보는 것은 어떨까?

싸움 때문에 힘들어하는 당신, 혹시 다음과 같이 생각하며 연인과 '아이 같은 싸움'을 하지는 않았는가?

"내 말이 옳아!"

"그 버릇을 바로잡을 거야!"

"내 생각대로 따라야만 해!"

자신도 모르게 이런 생각이 들었다면 위험신호가 켜진 것이다.

자기 의견을 일방적으로 밀어붙이거나 상대를 제압하려드는 경향이 있다면, 자신 안에서 "must(반드시 그래야 한다)"라는 사고방식을 몰아내는 것이 좋다. 상대의 말을 "maybe so(그럴 수도 있지)"라고 일단 인정해보자. 이렇게 생각하는 습관을 들이면 어느새 마음이 유연해질 것이다.

'어른스러운 싸움'은 상대에 대한 고마움이 그 바탕에 깔려 있다. 때문에 화내고 언성을 높일 때도 상대의 마음에 상처 주는 말은 하지 않게 되고, 불꽃을 튀기며 곧바로 되받아

치는 것이 아니라 유연하게 받아넘길 수 있게 된다. 무엇보다 싸우는 도중에 자신이 먼저 조금 누그러지면 상대도 그만큼 누그러질 것이다.

67

애인이 바람을 피웠어요

어떤 결정을 할지는 당신의 몫입니다

나는 미용실에 갈 때마다 여성주간지를 읽곤 하는데, 연예인 불륜 기사 일색에 실소를 금치 못하곤 한다.

세계적으로 유명한 여배우와 결혼한 개그맨이 아내의 후배를 건드렸다, 아이돌 출신의 아내가 남편이 집을 비운 사이 다른 남성을 집으로 불러들여 관계를 맺었다더라, 유명밴드의 멤버가 호감도 최고인 여성 탤런트와 불륜을 저질렀는데, 아내가 채팅 애플리케이션에서 그 증거를 찾아내 언

내 마음 먼저 챙기고 싶을 때 읽는 책

론에 흘렸다……. 이곳에 전부 쓸 수 없을 정도로 무수히 많은 불륜 이야기들이 있다.

상대의 부정을 알게 된 이상 어떻게든 결단을 내릴 수밖에 없다. 하나는 '헤어지느냐, 관계를 지속하느냐'라는 행동의 결단이다. 또 하나는 '용서하느냐, 용서하지 않느냐'라는 마음의 결단이다. 이 2가지 선택의 조합을 통해 앞으로 어떻게 하고 싶은지를 정해보자. 상대의 기분이나 태도는 일단 접어두고, 오로지 당신이 결정의 주체가 되는 것이다.

❶ 용서하고 관계를 지속한다.

두 번 다시 문제 삼지 않고 둘만의 역사를 다시 써나가길 바란다. 이전보다 상대를 더 믿고 의지해야만 순탄한 연애를 이어갈 수 있다.

❷ 용서하고 헤어진다.

믿음이 깨져 연인 관계는 끝나지만, 인간적으로 괜찮은 사람이라면 친구로 남을 수 있을지도 모른다.

❸ 용서하지 않고 헤어진다.

미련을 버리고 두 번 다시 보지 않는다. 그리고 보란 듯이 행복
하게 산다.

마지막으로, 가능한 한 피했으면 하는 최악의 선택지다.

❹ 용서하지 않고 관계를 지속한다.

행복하기 위해 함께하는 두 사람인데, 날마다 다투고 서로 상
처 입히는 소모전이 이어질 것이 뻔하다. 서로를 위해서라도
관계를 깨끗이 정리하는 편이 낫다.

68

결혼하고 싶지 않아요

 '해야만 한다 병'에 걸린 건 아닌지 확인해보세요

최근 결혼을 원치 않는 여성이 증가하고 있다. 그 이유를 물으니 다음과 같은 답이 돌아왔다.

"요리에 소질도 없고, 아이를 좋아하는 것도 아니고, 밤새 술도 마시고 싶고⋯⋯."
"지금 하는 일에 보람을 느끼고 있는데, 나를 희생하면서 남편에게 헌신할 순 없어요!"

"혼자가 편해요. 다른 누군가를 의식하며 살아야 할 필요가 있나요?"

이렇게 생각하는 사람은 겉모습이나 체면과 같은, 타인이 만들어놓은 '마인드 트릭(심리 조작)'이라는 덫에 걸린 것인지도 모른다. 나는 이것을 "해야만 한다 병"이라고 부른다.

- 결혼하면 일을 그만두고 집안일을 해야만 한다.
- 아이를 낳아야만 한다.
- 아이를 좋아해야만 한다.
- 현모양처가 되어 남편에게 헌신해야만 한다.

이처럼 '결혼은 자신을 구속하는 것'이라는 마인드 트릭에 사로잡힌 것이다.

결혼은 적성에 맞아야 하는 것이 아니다. 서로 사랑해서 함께 있고 싶은 두 사람이 시행착오를 겪으며 같은 시간을 걸어가는 것이다. 하지만 마인드 트릭의 사슬에 얽매여 있으면 기회를 놓치게 된다. 기회를 놓치고 후회하느니, 헛스윙 삼진을 당하더라도 마음껏 배트를 휘두르는 편이 낫다.

나이 50~60세에 운명의 상대를 만나는 사람도 있다. 당신이 그동안 결혼에 성공하지 못했다 하더라도, 그것은 결혼과 맞지 않아서가 아니라 평생을 함께할 짝을 '아직' 만나지 못했기 때문일 것이다.

물론 이런저런 생각 끝에 '비혼(非婚)'을 선택하는 사람도 있을 것이다. 그러나 이때도 '맞지 않아서', '좋아하지 않아서', '필요하지 않아서'라는 부정적인 이유보다는 '일로 성공하고 싶어서', '인생을 마음껏 즐기고 싶어서'와 같은 긍정적인 이유이기를 바란다.

혼자서도 당당히
빛을 낼 수 있는 나

69

결혼상대로 괜찮은지
판단이 서지 않아요

 어려울 때 곁에 있는 사람을 찾으세요

"나이 때문에라도 슬슬 결혼이 하고 싶어요. 그런데 지금 만나는

이 남자가 결혼상대로 괜찮을지 좀처럼 판단이 서지 않아요. 정

말 이 사람이 맞는지 모르겠어요."

결혼상대로 괜찮은지 고민하는 까닭은 무엇인가? 돈 씀

씀이, 상점 점원을 대하는 태도, 무심코 내뱉은 한마디, 친

구나 가족을 대하는 태도, 싸우는 도중 일순간 공포를 느꼈

던 기억, 난폭한 운전 습관 등 혹시 그 사람의 일상적인 언동 가운데 마음에 걸리는 부분이 있었던 것은 아닌가? 순간적으로 스치는 직감은 의외로 무시할 수 없다.

결혼도 타산적으로 생각할 필요가 있다. 앞으로 긴 세월을 함께해야 하는 만큼, 과연 부부의 연을 맺을 만한 사람인지를 연애와는 또 다른 관점으로 신중히 살펴야 한다.

그중에서도 가장 깐깐하게 따져야 할 부분은 당신이 어려움에 처했을 때 그가 취하는 태도다. 만사가 순조로울 때는 마냥 좋은 사람처럼 보이다가도, 난관에 부딪히면 본성이 드러나는 것이 인간이다.

지인인 M 양은 상대의 진심을 알아보기 위해 데이트가 끝날 무렵 상대에게 이렇게 말했다고 한다.

"어떡하면 좋아! 엄마가 주신 소중한 브로치가 없어졌어!"

잘생긴 A 군은 "이제 곧 전철도 끊기는데, 그거 찾고 있을 시간 없어"라고 귀찮은 듯 말했다. 일류 기업에 다니는 B 군은 "일단 파출소에 가보자"며 파출소까지 함께 가줬다. 딱히 내세울 것 없는 C 군은 "함께 찾아보자"며 그날 돌아다닌 데이트 코스를 모두 뒤지고 다녔다고 한다.

결국 그녀가 결혼한 사람은 C 군이었다. 길바닥을 샅샅이 뒤지는 모습을 보며, '이 사람이라면 어떤 어려움도 함께 극복할 수 있겠다'라는 확신이 들었다고 한다.

물론 상대를 시험하는 것이 과연 바람직한지는 논란의 여지가 있다. 하지만 결혼상대를 정하는 것은 인생이 걸린 중대 결단이다. 시험을 통해 후회 없는 결정을 할 수 있다면, 상대에게 상처를 주지 않는 범위 내에서 해볼 만하다고 생각한다.

70

약혼자가 결혼식을 원하지 않아요

최악의 경우에는 '원점'으로 되돌리세요

당신의 약혼자는 어떤 이유로 결혼식을 거부하는 것인가?
이 중에서 이유가 있다면 다시 한 번 생각해보자.

❶ 당신과의 혼인 관계를 사회적으로 공개하고 싶지 않아서

    → 그가 과거에 어떤 사건이나 문제를 일으켰을 가능성은 없는가?

내 마음 먼저 챙기고 싶을 때 읽는 책

❷ 자신의 일가친척과 당신을 대면시키고 싶지 않아서

→ 그의 등 뒤로 꽤나 골치 아픈 가정사의 그림자가 드리워진 느낌이 든다. 우선 함부로 단정 짓지는 말고, 조심스럽게 그의 의견을 먼저 들어본 뒤 판단하길 바란다.

❸ 돈이 아까워서

→ 이런 구두쇠와 결혼할 각오가 되어 있는가? 평생을 함께할 자신이 없다면 지금이라도 늦지 않았다.

❹ "형식에 얽매이지 않는 나는 멋진 사람!"이라는 유아적인 자기도취 때문에

→ 당신의 약혼자는 아웃사이더인가? 아니면 영원히 어린아이로 머물고 싶은 피터 팬? 연애라면 모를까, 그와 결혼한다면 수많은 난관이 예상된다.

❺ 종교적인 이유로

→ 이 말은 인생의 바탕 또는 배경이 전혀 다른 상대라는 뜻이다. 이 경우는 단지 결혼식으로 끝날 문제가 아니다. 아무리

대화를 많이 하고 서로 양보한다 하더라도, 하나의 가족으로 화합하기에는 너무 많은 장애물이 예상된다.

결혼식은 두 사람이 행복을 약속하고, 주위에 "두 청춘을 따뜻하게 지켜봐 달라"는 인사를 하는 중요한 절차다. 이를 건너뛴 커플이 과연 행복한 결혼 생활을 할 수 있을까?

새로운 인생의 첫걸음을 내딛는 순간조차 사랑하는 연인의 소원을 외면하는 사람이라면, 과연 앞으로 이어질 기나긴 삶 속에서 당신을 소중히 대할지 의문이 든다. 그는 당신이 인생에서 가장 빛나는 순간을 보고 싶지 않은 걸까?

만약 경제적으로 부담이 되어 결혼하는 것을 원치 않는다면, 서로의 형편에 맞는 결혼식을 올리면 된다. 단순히 '형편이 어렵다'는 이유로 사랑하는 사람과의 결혼을 미루는 것은 그저 핑계에 불과하다. 그보다는 이를 함께 헤쳐 나갈 방법을 모색하는 것이 먼저다. 분명 머리를 맞대어 고민하다 보면 답이 나올 것이다.

그럼에도 결혼을 하고 싶다면 다시 한 번 상대와 깊은 이야기를 나눠보자. 대화를 하다 보면 결혼을 할 수 없는 여러 이유들을 정확히 알 수 있고, 그에 대한 해결방안도 진지하게 생각해볼 수 있을 것이다.

그래도 의견이 좁혀지지 않는다면 '원점'으로 되돌아가 다시 생각해보길 바란다. 그만큼 결혼은 중요한 문제이기 때문이다. 후회할 선택을 하기 전에 미리 신중하게 고민하고, 확신이 생겼을 때 결정을 내리자.

71

아이를 갖고 싶어요

시한을 정해보세요

아이를 낳고 싶다는 의사가 분명하다면 한시라도 빨리 목표 달성을 위해 움직이길 바란다.

여성은 만 30세부터 난자의 노화가 시작된다. 마음이 젊은 것과 몸이 젊은 것은 전혀 다른 문제다. 서른이 되면 출산 가능성을 떨어뜨리는 신체적 변화가 시작된다.

생식능력을 보유한 상태를 의학용어로 '임잉성(fertility)'이

내 마음 먼저 챙기고 싶을 때 읽는 책

라고 하는데, 만 30세부터 임잉성이 서서히 낮아지기 시작해 만 35세부터는 급격히 하락한다. 나이가 들수록 임신 확률이 낮아지고, 임신하더라도 조산, 유산, 태아의 선천적 이상이 발생할 위험이 커진다.

지금은 일도 바쁘고 아기를 갖기에는 너무 이르다는 생각이 들지 모르지만 '임신 적령기'를 놓치고 나면 크게 후회할지도 모른다. 현재 결혼한 상태라면 배우자와 충분히 의논해 아기를 갖기 위해 함께 노력하길 바란다. 전문의와 상담하는 것도 좋은 방법이다.

결혼을 생각 중인 상대가 있다면 미래의 계획을 세우는 것부터 시작하자. 중요한 것은 '출산에 관한 두 사람의 생각이 얼마나 일치하는가'다. 두 사람의 나이와 교제 기간에 따라 다르겠지만, 순간의 쾌락만 추구하는 상대라면 미련 없이 헤어지는 것도 고려해봐야 한다.

만약 당신이 '지금은 상대가 없지만 아이를 갖고 싶다'라고 생각한다면 앞으로 후회하지 않기 위해서라도 하루 빨리 상대를 찾아 나서길 바란다. 단, 당신이 원하는 미래상이 결혼을 통해 행복한 가정을 꾸리는 것인지, 아니면 단지 아이를 낳고 싶은 것인지를 분명히 하는 것이 가장 중요하다.

당연한 말이지만, 당신이 최종적으로 손에 넣어야 할 것은 자신의 행복이다.

자신이 바라는 것이 무엇이며 무엇을 포기할 것인지, 앞으로의 인생 설계도를 구체적으로 구상해보자. 그 실현을 위한 시한을 정했다면 지금 당장 행동에 옮기자!

CHAPTER 07

앞으로는
꽃길만 걷고 싶어요

\

무한 긍정으로 미래에 대한 희망 품기

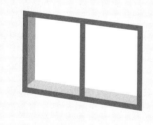

72

꿈은 정말 이뤄질까요?

행동하는 사람만이 꿈을 이룹니다

미국 예일대학교에서 학생을 대상으로 "목표를 적은 종이를 가지고 있는가?"라고 묻는 설문조사를 실시한 적이 있다. 20년 후, "YES"라고 답한 3퍼센트의 학생들이 "NO"라고 답한 97퍼센트의 학생들의 수입을 모두 합한 것보다 높았다고 한다.

이것은 토니 로빈스(Tony Robbins)나 브라이언 트레이시(Brian Tracy) 같은 자기계발 작가가 강연에서 자주 인용하는 실험이기도 하다. 나 역시도 "꿈을 글자로 적으면 반드시 현실이 된다"고 믿는다.

내 친구 E 양은 걸핏하면 "나는 안 돼"라며 낙심하는 성격이었다. 어린 시절 부모님에게 인정받지 못하고 자란 탓이었다. 나는 친구에게 한 가지 제안을 했다.

"무엇이든 좋으니 하고 싶은 일을 모두 적어봐."

처음에는 "나 같은 사람이 행복해질 리가 없잖아"라며 극구 거부했지만, 계속되는 나의 제안에 E 양은 어렵게 소원 하나를 적었다. 그것만으로 E 양의 기분은 금세 좋아졌다. "산호가 아름다운 바다에서 비키니를 입고 헤엄치고 싶다", "다이빙을 하며 가오리와 인사를 나누고 싶다", "내친김에 늠름한 남자친구도 만나고 싶다" 등 마음이 들뜨기 시작한 친구는 소원을 하나씩 써내려갔다.

첫 번째와 두 번째 소원은 내가 직접 오키나와 여행에 끌고 가서 강제로 이뤄줬다. 세 번째 소원도 역시 오키나와에서 다이빙을 배우던 중 예기치 않게 실현됐다. 그리고 현재 그녀는 지금 다이빙 강사와 알콩달콩 장거리 연애를 이어가고 있다.

그녀의 꿈이 현실이 될 수 있었던 것은 종이에 적은 내용을 실행에 옮겼기 때문이다. '과연 내가 할 수 있을까?'라고 의심하는 사람의 꿈은 실현되지 않는다. 반드시 행동에 나서야 한다. 무언가에 열중하는 사람, 자신이 하고 싶은 일에 진심으로 몰두하는 사람만이 행복을 거머쥘 수 있다. 즉, "꿈을 이루고 싶다"가 아닌, "행동하면 저절로 꿈이 이뤄진다"가 정답인 것이다.

73

부정적으로 생각하는 습관을 고치고 싶어요

 불운이 다하면 행운이 찾아옵니다

얼마 전 전철역에서 열차를 기다리고 있는데, 갑자기 한 취객이 시비를 걸어왔다.

'아, 운수도 사납지. 역무원도 보이지 않고, 아무도 도와줄 생각이 없는 것 같은데. 자칫 잘못했다간 주먹을 휘두를지도 몰라! 어떻게 하면 좋지? 큰일났네!'

그날은 정말 되는 일이 하나도 없었다. 약속은 펑크가 나고, 카페에서는 주문한 것과 다른 음료가 나오고, 관공서에 제출한 서류는 미비한 부분이 있다며 반려당하고, 일기예보마저 어긋나 미처 우산을 챙기지 못해 그만 비에 쫄딱 젖어버리고……. 그 끝에 맞닥뜨린 취객.

때마침 도착한 전차에 뛰어들어 다행히 불상사는 피했지만, 절망적인 하루에 쐐기를 박는 사건에 기분은 바닥으로 곤두박질쳤다.

그러나 전차 안에서 한숨 돌리며 하루 일을 떠올리다가, 어처구니없는 불운의 연속에 웃음이 터져 나왔다. '이렇게까지 운이 없는 것은 오히려 행운인지도 모른다'는 생각이 들었기 때문이다.

골프를 즐기는 사람들 사이에는 홀인원에 성공하면 기념품과 축하파티 명목으로 거액을 지출하는 관행이 있다고 한다. 이를 보장해주는 보험이 있을 정도라니, 놀라울 따름이다. 이런 행위는 두려울 정도로 커다란 행운 뒤에 도사리고 있을지 모르는 불행을 회피하기 위한 것이다. 막대한 돈으로 미래의 불운을 상쇄하려는 몸부림인 셈이다.

통계학 이론인 '베이즈의 정리(Bayes' theorem)'에 따르면, 사람이 일생 동안 겪는 행운과 불운은 비슷한 확률로 나타난다고 한다. 그러므로 '불운이 이어진 후에는 커다란 행운이 찾아오지 않을까?'라고 생각하면 기분이 훨씬 좋아질 것이다.

너무 안이한 생각이라고? 하지만 행복도 불행도 당신의 뇌가 만들어내는 감정일 뿐이다. 그렇다면 의도적으로라도 '행복한 뇌 회로'를 만드는 것이 좋지 않을까?

행복한 뇌를 만드는 가장 좋은 방법은 불운의 경험을 다른 사람과 공유하는 것이다. 메일, 채팅, 블로그, SNS 등을 통해 경험을 나누자. 악성 댓글을 부르지 않는 선에서 최대한 유쾌하고 재미있게 말이다!

그런 의미에서 나도 불운의 연속이었던 그날의 일을 이렇게 적어봤다.

74

행복하지가 않아요

즐거운 일 7가지를 적어보세요

'불행하다'까지는 아니어도, 왠지 '행복하다'는 느낌이 들지 않을 때가 있지 않은가?

그럴 때를 대비해 '행복 부적'을 만들어 소지하도록 하자. '당신이 즐거움을 느끼는 일 7가지'를 메모에 적고 그것을 지갑에 넣으면 끝이다.

"정말요? 겨우 그걸로 충분할까요?"

그렇다. 그거면 된다! 그리고 이 부적은 생각보다 큰 효험이 있다. 지갑을 열어볼 때마다 당신은 '행복감'을 살짝 맛볼 수 있을 테니 말이다.

또한 그것은 당신만의 부적이므로 다른 사람과 비교할 필요가 없다. '나는 이렇게 행복을 느끼는 능력이 있다'라고, 자신의 가치를 자연히 깨닫게 될 것이다.

나는 '아, 행복하다'라고 느끼는 순간이 2가지 있다. 하나는 누군가를 사랑하고 누군가로부터 사랑받을 때, 또 하나는 무언가에 몰두하거나 새로운 일에 도전할 때다.

세계적으로 유명한 문호들도 이렇게 말했다.

"인생 최고의 행복은 사랑받고 있다는 확신이다."

_빅토르 위고(Victor Hugo)

"콜럼버스가 행복을 느낀 순간은 아메리카 대륙을 발견했을 때가 아니라, 그것을 찾아다닐 때였다."

_도스토옙스키(Dostoevskii)

자기 스스로 행복에 확신이 없을 때, 우리는 자신도 모르게 주변을 두리번거리게 된다. 그리고 다른 사람의 부러운 면만 바라보며 괜스레 울적해진다.

그러나 다른 사람과 비교하는 한 당신은 결코 행복해질 수 없다. 자신의 기분이나 행복이 타인의 상황에 일일이 좌우되는 것은 너무도 바보 같지 않은가?

이제 다른 사람은 신경 쓰지 않아도 된다. 당신은 많은 사람의 지지를 받으며 살아가는, 이 세상에 단 하나뿐인 소중한 존재다. 기적과도 같은 소중한 생명체로서 '이 시대를 살고 있다'는 그 자체가 최고의 행복이다.

75

하고 싶은 일이 없어요

 칭찬받은 일을 하세요

하고 싶은 일을 찾지 못한 당신, 다음 중 어떤 유형인가?

• 기진맥진형

일과 인간관계에 지칠 대로 지쳐 새로운 일을 시도조차 하지 못하는 경우다. 즉, 시간적으로나 정신적으로 여유가 없는 사람이다.

• 자포자기형

어떤 일이든 금세 포기해버리는 타입이다. 즉, 자기를 낮게 평가하고 자신감이 부족한 사람이다.

만약 당신이 '기진맥진형'에 해당한다면 새로운 일에 도전하기보다는 여유를 가지고 몸과 마음을 쉬게 하는 것이 우선이다.

반면 '자포자기형'에 해당하는 사람은 자신을 칭찬해줄 사람이 필요하다. "대단하다!", "훌륭하다!"라는 말을 반복해서 듣다 보면 자신감이 생겨 불가능도 가능으로 바꿀 수 있게 된다.

하고 싶은 일을 찾을 수 없을 때는 무리해서 생소한 분야에 뛰어들려 하지 말고, 지금까지 살아오는 동안 다른 사람으로부터 칭찬받은 경험을 떠올려보자. 살면서 누군가로부터 좋은 평가를 받거나 고맙다는 인사를 들은 적이 반드시 있을 것이다.

출판회사에 근무하는 신입사원 I 군은 입사 후 내내 골칫덩어리 취급을 받았다. 하는 일마다 실수투성이다 보니 날마다 사장님께 꾸중을 듣고, 그 때문에 주눅이 들어 또 다른 실수를 저지르는 악순환에 빠져 있었다. 이대로라면 해고는 시간문제라고 생각되던 어느 날, 회사를 방문한 어느 고객의 말 한마디가 그의 인생을 바꿔놓았다.

"I군은 인사하는 목소리가 우렁차서 기분이 좋아지네요."

믿기 어렵겠지만, 사람은 단 한마디 말에 자신감을 회복하고 완전히 새로운 사람으로 다시 태어나기도 한다. 이 한마디 덕분에 1년이 지난 현재에도 그는 회사의 주력사원으로 활약하고 있다. 결혼도 하고 아이도 낳은 I 군은 "가족을 위한 집을 짓고 든든한 가장이 되겠다"라는 목표를 세우고, 꿈을 이루기 위해 하루하루 열심히 일하고 있다. 물론, 오늘도 I 군의 우렁찬 인사 소리가 회사에 울려 퍼지고 있음은 말할 것도 없다.

76

나이 먹는 게 두려워요

해마다 새로운 목표 3가지를 세우세요

당신이 나이 드는 것을 두려워하는 이유는 무엇인가? 나이
가 들수록 쇠약해지는 것이 두려워서? 지금 하는 일이 체력
적으로 힘들어질 것이 두려워서? 그도 아니면, 좀처럼 발전
하지 못하는 자신에 대한 초조함 때문인가?

한때 일본에서는 《노인력(老人力)》이라는 책이 화제가 됐
다. 전위예술가이자 문필가인 고(故) 아카세가와 겐페이(赤

瀬川原平)가 '나이가 들어야 비로소 느낄 수 있는 인생의 참 맛'에 대해 적은 책이다. "저 노인네, 망령이 들었군"이라는 말보다는 "요즘 들어 '노인력'이 향상됐다"는 말이 훨씬 듣기 좋지 않은가?

노인력을 습득하기에는 아직 갈 길이 먼 당신이지만, 주변에서 대단한 노인력을 발휘하는 선배들을 발견할 수 있을 것이다. 그들을 보며 '나도 저렇게 나이 들고 싶다'라는 목표를 가져보는 것도 좋지 않을까?

얼마 전 패션 감각이 남다른 시니어세대 여성의 스냅사진을 묶은 사진집과 웹사이트가 세간의 주목을 받았다. 할머니뻘 여성의 예상을 뒤집는 멋진 모습에 젊은 여성들은 "닮고 싶다", "나도 저렇게 나이 들고 싶다"라는 반응을 보였다. 나이가 들어 자신보다 훨씬 젊은 세대로부터 동경을 받는 것은 정말 멋진 일이다.

좀 더 실천적인 조언을 주자면, 해마다 이루고 싶은 목표 3가지를 적어보길 바란다. 나 역시 매해 첫날마다 그해에 해야 할 일 3가지를 종이에 적는다. 올해에는 "뉴칼레도니

아로 여행을 떠난다", "오키나와에 집을 마련한다", "사무실을 역 앞으로 옮긴다"를 적었다. 이렇듯 내 가슴을 뛰게 하는 목표 3가지를 적어 벽에 붙여놓고는, 한 해의 마지막 날에 그중 몇 가지를 달성했는지 확인한다. 모든 목표가 완벽하게 이뤄지지 않아도 상관없다. 하나라도 달성했다면 충분히 훌륭한 편이다.

해가 모두 지나고 나면 다음 해의 목표를 세우느라 정신 없을 것이다. 자연스레 나이 드는 일이 두렵기보다는 점점 기대되고 설레는 일이 될 것이다.

77

지금과 다른 모습으로 살고 싶어요

 닮고 싶은 사람을 흉내 내보세요

나는 초등학교, 중학교, 고등학교 시절을 각각 다른 캐릭터로 보냈다.

초등학교 시절, 학급에서 키가 제일 작았던 나는 괴롭힘을 당하고 울음을 터뜨리기 일쑤였다.

이 시기 아이들은 대단히 '동물적'이다. 일단 몸집이 커야 위세를 부릴 수 있다. 그래서 나는 괴롭힘을 피하기 위해 우두머리격인 여자아이와 친해져 그 곁에 붙어 다녔다.

중학교 시절에는 활발한 소녀 캐릭터로 변신했다. 당시 곤도 마사히코(近藤真彦)라는 연예인을 좋아했는데, 나와 취향이 같은 친구가 생겨 어울려 다녔다. 줄곧 밝고 재미있는 여자아이처럼 연기해왔고, 그 나름대로 즐거운 학창 생활이었다.

고등학교 때는 8명 정도로 이뤄진 그룹에 속하게 됐는데, 화장실에도 같이 가고 도시락도 같이 먹어야 한다는 식의 지나치게 폐쇄적인 인간관계가 싫어져 독립을 선언했다.

"더는 못 참아! 이제부터 혼자 지낼래."

그 후 점심시간에는 늘 '혼밥'을 즐겼다. 외롭다는 생각은 전혀 들지 않았다. 무리에 속하는 것보다 혼자가 훨씬 편했다. 그런 내게 말을 걸어준 친구가 하나 있었다. 전교에서 공부를 제일 잘하는 여학생이었다. 그 아이와 친해지고 싶다는 생각에 다시 한 번 캐릭터를 바꿨다. 이번에는 열심히 공부하는 아이로 변신했다.

그 결과, 무려 전교 2등이라는 성적을 거둘 수 있었다. 덕분에 학교 추천으로 증권회사에 입사하게 됐다. 만약 그 친구를 만나지 못했다면 어땠을까? 아마 내 인생은 전혀 다른 방향으로 전개됐을 것이다. 이렇듯 캐릭터를 바꾸는 것은 '인생을 바꾸는 것'이나 마찬가지다. 더 나은 방향으로 자신을 변화시켜나가길 바란다.

내 친구 호실이처럼
용감해질 거야!

78

자기계발 강연을 전전하는 나,
이대로 괜찮을까요?

이제 현실에서 보여줄 때입니다

진취적인 태도로 노력하며 성장하고자 하는 욕구가 강한 당신, 그동안 수많은 강연을 섭렵하며 다양한 지식을 흡수했을 것이다. 그러나 그것들을 아직 현실에 반영하지 못하고 있다면, 너무 많은 강연을 들은 탓에 무엇을 어떻게 실천해야 할지 혼란스러운 것은 아닐까?

당신이 '자기계발 난민'을 그만두고 싶다는 생각이 들었다면, 아마 입력이 필요한 시기가 끝나가고 있기 때문인지도 모른다. 이제 슬슬 여러 강연에서 습득한 지혜를 현실에서 보여줄 때가 온 것은 아닐까?

과거 출판사에서 일하던 시절에 나는 여러 권의 자기계발서를 만들었다. 강연 때마다 수백 명의 청중을 모으는 인기 강사를 직접 인터뷰하고 그 내용을 책으로 엮는 일을 도왔다. 그것은 굉장한 경험이었다.

그러나 이상한 것은 출간을 준비하는 동안에는 저자의 생활방식과 사고방식에 흠뻑 취해 지내다가도, 막상 책이 출간되고 나면 마치 빙의가 풀리듯 제자리로 돌아오고 마는 것이었다. '그래, 아침 일찍 일어나 오전 중에 일을 해치우자!', '미래를 바꾸려면 역시 수첩에 꼼꼼히 기록해야 해!' 하고 결심하지만, 책이 출간되는 순간 굳은 다짐은 맥주 거품처럼 사그라졌다.

그렇다면 함께 작업했던 저자들의 가르침은 정말 아무 쓸모없는 것이었을까?

결코 그렇지 않다. 뇌는 이미 그동안 나를 관통한 수많은 감동 가운데 중요한 것만 골라 실천하고 있다. 그것은 '낳아주신 부모님께 감사하는 마음가짐'이자 '주어진 것에 감사하는 정신'이며, '집착하지 않는 삶의 자세'다.

배운 것이 '100'이라 해도, 당신이 습득하고 가르칠 수 있는 것은 하나 또는 둘에 불과할 것이다. 하지만 그것으로 족하다고 생각한다. '배움'이란 그런 것이 아닐까?

79

어떤 직업을
가져야 할지 모르겠어요

오래 할 수 있는 일을 찾으세요

천직을 찾고 싶다면 다음 3가지를 고려해보자. 바로 '좋아

하는 일', '칭찬받는 일', '지속 가능한 일'이다.

❶ 좋아하는 일만 해서는 먹고 살 수 없다.

최근 서점가에는 "좋아하는 일을 하며 살자"라고 주장하는 책

이 자주 눈에 띈다. 그러나 과연 좋아하는 일만으로 생계를 꾸

리는 것이 가능할까? 진지하게 고려해볼 필요가 있다.

❷ 다른 사람에게 칭찬받는 일이 돈이 된다.

누군가 칭찬을 건넸다는 것은 당신이 가진 특정한 능력에 감동했다는 뜻이다. 바로 그 부분을 직업으로 연결해보자.

❸ 오래 지속하지 못하면 의미가 없다.

그렇다면 '좋아하는 일'이나 '칭찬받는 일'을 직업으로 삼으면 될까? 그것만으로는 부족하다. 평생직업을 선택할 때는 '지속 가능성'을 고려해야 한다.

취미를 직업으로 삼는 순간, 그것은 더 이상 놀이가 아닌 '비즈니스'가 된다. 가령 취미로 요리를 즐기던 사람이 레스토랑을 열게 되면, 그 순간부터는 아마추어가 아닌 프로에 걸맞은 실력이 요구될 뿐 아니라 '손님을 접대해야 한다'는 새로운 과제가 발생한다. 사람을 대하는 것을 어려워하는 사람에게는 이만저만 괴로운 일이 아닐 것이다. 이처럼 '지속 가능성'은 필수불가결한 요건이다.

내가 상담사로 일하는 일본영화대학은 전국에서 수많은 젊은이들이 꿈을 좇아 모여드는 곳이다. '좋아하는 일을 직업으로 삼고 싶은 사람'만의 학교라 해도 과언이 아닐 것이다. 그러나 실제로 자신이 원하는 직업을 얻는 졸업생은 극히 소수에 불과하다. 전국에서 모인 수많은 학생 중에서도, 그 누구보다 강한 열망을 품고 광적으로 몰두하는 사람만이 업계에서 성공을 거머쥘 수 있기 때문이다.

넘어야 할 산이 너무 높게 느껴지겠지만, 무조건 '엄청난 성공'을 해야 한다는 것은 아니다. 작은 성공도 그 나름대로 의미가 있다. 요리를 좋아한다면 주방 직원이, 옷을 좋아한다면 패션전문점의 판매원이, 기차를 좋아한다면 역무원이 되는 길도 있다. 결론적으로 '좋아하는 일을 꾸준히 할 수 있는' 직업을 찾는 것이 가장 이상적이라고 할 수 있다.

80

나약한 성격을 바꾸고 싶어요

 사고방식만 바꿔도 해결됩니다

나약한 성격은 쉽게 바뀌지 않는다. 그러나 사고방식을 바꾸는 것은 가능하다. 미국의 심리학자 윌리엄 제임스 (William James)는 이렇게 말했다.

> "생각이 바뀌면 행동이 바뀌고, 행동이 바뀌면 습관이 바뀌고, 습관이 바뀌면 인격이 바뀌고, 인격이 바뀌면 운명이 바뀐다."

최근 들어 자신의 성격이 마음에 들지 않는다고 말하는 사람이 늘고 있다. 그 이유를 물으면, "남의 눈치를 살피다 손해를 본다", "자신의 의견을 제대로 이야기하지 못한다" 라고 대답한다. 평생에 걸쳐 형성된 성격을 바꾸는 것은 무척 어려운 일이다. 그렇다면 성격은 절대로 바뀌지 않는 걸까?

그렇지 않다. 주위를 한번 둘러보면 중대한 사건을 계기로 성격이 180도 달라진 사람이 적지 않다. 예를 들면 이런 경우가 있다.

- 아이가 태어나자 영업실적이 크게 향상된 아버지
- 실연의 충격으로 금발로 염색하고 센 언니로 변신한 아가씨
- 병을 완치하고 건강을 되찾은 후 인생을 보다 의욕적으로 즐기기 시작한 노부인
- 사고로 죽을 고비를 넘긴 후 두려움이 사라진 환자

상황과 역할의 변화에 따라 행동이 바뀌고, 그로 인해 강인한 성격을 갖게 되는 사례는 얼마든지 찾을 수 있다. 재미

내 마음 먼저 챙기고 싶을 때 읽는 책

있지 않는가? 도미노처럼 작은 변화가 커다란 변화를 불러 일으키는 것이 말이다. 나약한 성격에서 벗어나면 '나는 이 정도밖에 안 돼'라고 자신을 제약하던 족쇄가 풀리면서 무슨 일에든 도전할 용기가 솟아날 것이다.

81

더욱 성장하고 싶어요!

시작과 끝을 열심히 하세요

"더욱 성장하고 싶다. 더 크게 성공하고 싶다. 좀 더 활기차게 생활하고 싶다!"

평소 이런 말을 자주 하는 당신은 '더 높은 곳을 향해 발돋움하는 노력가'다. 어떻게 하면 당신이 원하는 대로 살 수 있을까?

내 마음 먼저 챙기고 싶을 때 읽는 책

우선 어떤 일이든 시작과 끝을 중요하게 생각하고 열심히 해보자.

하루의 시작은 아침에 눈을 뜨는 순간이다. 이때 "오늘도 좋은 하루가 될 거야!"라고 큰 소리로 말해보자.

하루의 끝은 잠자리에 드는 순간이다. 잠들기 전에 "내일은 또 얼마나 멋진 일이 벌어질까?"라고 말해보자. 신기하게도 다음 날 상쾌한 기분으로 눈을 뜰 수 있을 것이다.

회사 일은 대문을 나서는 순간부터 시작된다. "자, 오늘도 열심히 일해보자!"라고 말하며 두 주먹을 불끈 쥐어보자.

집으로 돌아오는 전철에 오르는 순간, 비로소 회사 일은 끝이 난다. "오늘 하루도 수고 많았어"라며 자신을 보듬고 칭찬해주자.

처음에는 대충이라도 좋으니 하루의 시작과 끝에만 조금 힘을 내보자. 다음은 회사 일의 시작과 끝, 그다음은 데이트의 시작과 끝······. 이렇듯 모든 일의 시작과 끝을 열심히 하는 것이다.

거창한 노력이 아니어도 좋다. 그저 자세를 바로 하고 활기찬 목소리로 인사하는 것만으로도, 주위 사람은 "저 친구, 의욕이 넘치는군"이라며 당신을 높이 평가할 것이다.

"좋은 아침입니다!"

"먼저 퇴근하겠습니다!"

"잘 먹겠습니다!"

"잘 먹었습니다!"

이런 노력을 하는 이유는 뇌를 성장시키기 위해서다. 자기 자신을 격려하는 것은 이제 막 대지를 뚫고 나온 새싹에 물을 주는 것과 같다. 격려의 말을 할수록 '성장을 위한 뇌'는 무럭무럭 자라날 것이다. 그 결과, 당신은 시작과 끝을 넘어 눈부시게 성장해 있을 것이다.

오늘도
멋진 하루를
시작해볼까?

82

나만의 '강점'을 발견하려면 어떻게 하나요?

소소한 "대단해요"를 최대한 모아보세요

당신은 주위 사람으로부터 "대단해요"라는 말을 들은 적이 있는가? 자신에게는 가능하지만 타인에게는 불가능한 일을 해냈을 때 "대단해요"라는 칭찬을 듣게 된다. 이것이 바로 당신의 강점, 즉 'USP(Unique Selling Proposition)'다.

그러나 "대단해요"라는 말을 들을 만한 일을 찾는 것은 그리 쉽지 않다. 우선 '좋아하는 일', '잘하는 일', '집중할 수 있는 일', '열정이 샘솟는 일', '전에는 불가능했으나 이제는 가

내 마음 먼저 챙기고 싶을 때 읽는 책

능하게 된 일', '실패를 거듭하다 드디어 성공한 일' 등 소소하게나마 타인에게 "대단해요"라는 말을 들을 만한 일을 최대한 많이 찾아보길 바란다. 이런 식으로 타인에게 "대단해요"라고 인정받은 일들을 수집하다 보면 어느새 당신만의 강점을 찾게 될 것이다.

"아무리 생각해도 나는 강점 같은 거 없는 것 같은데……."

흠, 당신의 푸념하는 목소리가 여기까지 들리는 듯하다. 과연 정말 그럴까? 면허증이나 자격증도 어엿한 'USP'라고 할 수 있다. 하다 못해 사람들의 미묘한 감정선을 읽어내는 능력 또한 세심하고 섬세한 사람들만의 강점이라고 할 수 있다.

그래도 아직 자신을 믿지 못하겠다면, 조금 색다른 관점에서 조언이 필요할 것 같다. 자신의 강점이 무엇인지 도무지 알 수 없을 때는 다른 사람의 '장점'을 면밀히 살펴보자. 다른 사람의 장점을 꿰뚫어보는 객관적인 안목을 기르면

'남이 하지 않는 일 중에 자신이 할 수 있는 일'이 무엇인지 알게 될 것이다.

파나소닉의 창업자 마쓰시타 고노스케(松下幸之助) 역시 "타인의 장점이 눈에 잘 들어오는 사람은 행복하다"라고 말했다. 자신이 속한 집단의 약점을 파악하면, 자신의 능력을 발휘할 수 있는 포지션이 눈에 들어올 것이다. 이를 통해 '그 일이라면 내가 훨씬 잘할 수 있겠다'고 확신이 드는 일을 반드시 찾을 수 있을 것이다.

83

이렇게 불행한데, 신이 정말 있긴 한가요?

 네, 존재합니다!

그림책《산타클로스가 정말 있나요?(Is there a Santa Claus?)》는 전세계에서 수천만 부 이상 판매됐다. 이 책은 "눈에 보이는 것만이 진실은 아니며, 환상의 세계를 믿는 마음이 있기에 인생은 즐겁고 살 만한 것"이라고 이야기한다.

전세계 모든 사람이 산타를 믿는 마음을 지닌다면 이 세상에서 싸움은 사라질 것이다. 그런 이유로 "신은 존재하는가?"라는 질문을 받으면 나는 "존재한다!"라고 대답한다.

이 넓은 우주에 인간이라는 생명체가 존재하는 것 자체가 기적이다. 유물론자들은 "생명은 중력과 물리학의 산물"이라고 주장하지만, 애초에 그 물리법칙이라는 것은 누가 만들었을까? 그저 우연히 생겨났을 리 만무하다.

물론 "신은 존재하지 않는다. 만약 존재한다면 이 세상에 전쟁, 살인, 범죄가 만연할 리 없다"라고 주장하는 사람도 적지 않다. 그러나 이 생각도 이치에 맞지 않다. 신이 인간사에 간섭하는 순간 인류의 성장은 그대로 멈추고 말 것이기 때문이다.

인류는 수만, 수십만 년에 걸쳐 진화해왔다. 그 과정에서 고도의 문명뿐 아니라 전쟁 무기도 발전시켰다. 그러므로 신이 우리 앞에 모습을 드러내지 않는 것은 '인간 스스로 자신의 어리석음을 깨닫길 바라기 때문'임이 분명하다.

마찬가지로 신이 당신을 불행하게 만들려고 일부러 그러는 것은 아닐 것이다. 그 이유는 신만이 알겠지만, 나는 '그 불행을 딛고 일어서야지만 비로소 성장할 수 있기 때문'이라고 생각한다.

지금 당장은 모든 게 원망스러울 수 있다. 너무 힘들어 삶을 포기하고 싶어지는 순간이 찾아올지도 모른다. 지금처럼 '이렇게 불행한데, 신이 정말 있긴 한 건가'라는 생각이 들 때면 주위를 잘 살펴보길 바란다. 무슨 일이 있든 언제나 당신의 편이 되어주는 사람이 있을 것이다. 그 사람은 기다렸다는 듯이 당신을 도와줄 것이다. 그리고 눈에 보이지 않는 신보다 더 많은 힘과 용기를 불어넣어줄 것이다.

내 마음 먼저
챙기고 싶을 때
읽는 책

초판 1쇄 발행 2018년 4월 18일
초판 2쇄 발행 2018년 5월 2일

지은이 이시노 미도리
옮긴이 김은선
펴낸이 정용수

사업총괄 장충상 본부장 홍서진 편집장(2실) 조민호
책임편집 진다영 편집 유승현 조문채
디자인 김지혜 일러스트 박채원
영업·마케팅 윤석오 이기환 정경민 우지영
제작 김동명
관리 윤지연

펴낸곳 ㈜예문아카이브
출판등록 2016년 8월 8일 제2016-000240호
주소 서울시 마포구 동교로18길 10 2층(서교동 465-4)
문의전화 02-2038-3372 주문전화 031-955-0550 팩스 031-955-0660
이메일 archive.rights@gmail.com 홈페이지 yeamoonsa.com
블로그 blog.naver.com/yeamoonsa3 페이스북 facebook.com/yeamoonsa

한국어판 출판권 ⓒ ㈜예문아카이브, 2018
ISBN 979-11-87749-70-7 03180